자존감을 높이는 엄마표

# 몬테소리 놀이

# 자존감을 높이는 엄마표
# 몬테소리 놀이

실비 데스클레브 지음 | 안광순 옮김

유아이북스
For The Ultimate Information

# 자존감을 높이는 엄마표 몬테소리 놀이

**1판 1쇄 발행** 2019년 3월 20일
**1판 5쇄 발행** 2021년 6월 5일

**지은이** 실비 데스클레브
**옮긴이** 안광순.
**펴낸이** 이윤규

**펴낸곳** 유아이북스
**출판등록** 2012년 4월 2일
**주소** (우) 04317 서울시 용산구 효창원로 64길 6
**전화** (02) 704-2521
**팩스** (02) 715-3536
**이메일** uibooks@uibooks.co.kr

**ISBN** 979-11-6322-014-5 03370
**값** 13,800원

많은 부모들이
아이를 너무 많이 도와주려고 하는데
이것은 성공에 따르는 기쁨을 빼앗는 것입니다.
우리 모두는 자신에 대한 좋은 이미지를 키워가고
망설임 없이 시도해보는 성공의 기쁨이 필요합니다.

- 본문 중에서

이탈리아 최초의 여의사인 마리아 몬테소리(Maria Montessori, 1870-1952)는 전 생애를 아이들 교육 철학을 연구하는데 바쳤습니다. 마리아가 내세운 교육법은 '과학적 교육학'으로서 그녀의 이름을 딴 '몬테소리 교육'으로 불리며 그 명성이 전 세계적으로 알려져 있습니다.

교육만이 세상을 바꿀 수 있는 열쇠라고 믿었던 마리아 몬테소리는 교육학을 통해 새로운 세상을 건설하고자 했습니다. 그녀는 "지속적인 평화의 구축은 교육이 할 일이고, 정치는 전쟁을 막을 수 없다. 교육을 통해 지속적이며 실질적이고 견고한 평화를 건설할 수 있다"고 말했습니다.

몬테소리 교육의 주요 목적은 자신감을 기르는 것입니다. 자신감은 한 사람을 성숙하고 행복한 삶으로 이끄는 필수적인 능력입니다.

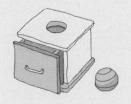

자신감은 아이가 목적을 이루게 하고, 실패에 대한 두려움 없이 앞으로 나갈 수 있게 합니다. 비록 실패하더라도 자신감이 있는 사람은 실패를 잘 관리하여 오히려 도약할 수 있습니다. 이러한 자신에 대한 신뢰는 아이가 아주 어릴 때부터, 즉 태어나면서부터 조금씩 쌓여갑니다.

특히 태어난 첫해 1년간은 견고한 방법으로 자신감을 발전해 나가는 것이 중요합니다. 자신감은 어떤 시험에 부딪혔을 때 이겨나가면서 성립되고, 생후 1년 동안에 자신감이 쌓이면 쌓일수록 무너뜨리기 어려운 견고함이 생깁니다.


마리아 몬테소리가 권장한 것처럼 아이의 자신감을 기르기 위해서는 아이의 필요에 따라 준비된 환경을 만들어주는 것이 필수적입니다. 이러한 환경은 저절로 생기는 것이 아니라 집에서는 부모에 의해, 집 밖에서는 교육자들에 의해 만들어지는 것입니다. 이러한 환경은 진화적이어야 하고, 아이의 발달 단계에 맞게 갖추어져야 합니다.

어른의 태도에 따라 아이의 자신감을 기르기에 좋은 영향을 미칠 수도 있고, 악영향을 미칠 수도 있습니다. 가정이나 외부 교육기관 어디에서든지 양육자는 이 환경과 완전히 하나가 되어야 하며, 태도나 화법, 처신에 항상 조심해야 합니다. 그러므로 어른들이 아이들의 자신감 습득을 돕기 위한 모든 것에 대해 연구하는 것이 중요합니다. 부모나 교육자라면 누구나 아이들이 스스로의 자질과 잠재력을 자각하고 이를 각자의 행복하고 명랑한 삶을 만드는데 쓰기를 꿈꿉니다. 이러한 우리의 꿈은 실현될 수 있을 것이라는 마음이 있지만 실행에는 망설이는 경향이 있습니다.

　위대한 발견이나 발명, 진보를 이룩해낸 위인들은 자기 능력에 대한 큰 자신감이 있었기 때문에 이를 실현할 수 있었습니다. 주변에서 미쳤다고 해도 이들의 믿음은 말릴 수 없는 경우가 많았습니다.

　자신감이라는 것이 훌륭한 것들을 발명해내고 발전해온 인류의 진보에 어쩌면 가장 중요한 요인은 아닐까요?

# 차
# 례

## 7부 언어는 때에 맞춰

아이들은 환경만 준비되면
본능적으로 스스로 잠재 능력을 발달시키고 창조한다.

– 마리아 몬테소리

**1부**

# 자신감의 뿌리,
# 자립심 길러주기

# 혼자 하기의 중요성

아이가 어릴 때부터 자립심을 길러주는 것은 자신감 발달에 기본입니다. 아이들이 스스로 무언가를 할 수 있다는 사실을 알아갈수록 스스로 강하다고 느끼며 남에게 의존하지 않게 됩니다. 반대로 부모가 아이의 입장에서 모든 것을 다 해주는 것은 완전히 불안전한 환경으로 몰아넣습니다. 만약 의지할 대상이 없는 상황이 되면, 자신감이 없는 아이들은 스스로를 무능력하다고 느낍니다.

스스로 할 수 있다는 사실을 깨달으면 아이들이 긍지를 느끼고, 자신에 대한 좋은 이미지를 갖게 됩니다. 예를 들어, 우리는 이제 막 걸음마를 시작한 아기나 남의 도움 없이 혼자서 옷을 갈아입는 법을 터득한 아이들의 눈빛에서 큰 기쁨을 읽을 수 있습니다.

자립을 한다는 것은 인간의 삶에 필수적인 요소이고, 어린아이들이 혼자서 걷기 시작하거나 혼자서 말을 할 수 있게 되는 것에는 어떤 도움도 필요하지 않습니다.

아이들은 무엇을 이룩하는 과정에 있을 때에는 행복하고 웃음이 가득하며 조용한 반면, 성공하지 못하면 화를 내거나 불만을 가진 상태가 됩니다.

많은 부모들이 아이를 너무 많이 도와주려고 하는데 이것은 성공에 따르는 기쁨을 빼앗는 것입니다. 우리 모두는 자신에 대한 좋은 이미지를 키워가고 망설임 없이 시도해보는 성공의 기쁨이 필요합니다. 어떤 일을 스스로 해낼 때 느끼는 강한 기쁨과 만족감은 새로운 것을 하는데 밑거름이 됩니다.

이러한 성공을 경험해보지 못한 아이들은 새로운 것을 배우는데 주저하게 되고, 시도하는 것에 두려움을 느껴 앞으로 나아가지 못하게 됩니다. 물론 아이가 무언가를 할 수 있다는 것을 인식하고, 실패로 향하지 않도록 어른이 잘 살펴봐주는 것이 아주 중요합니다. 실패를 어떻게 관리하느냐에 따라 아이 스스로가 자신에 대한 나쁜 이미지를 갖게 될 수도 있고, 자신감을 갖게 할 수도 있고, 새로운 것을 배우는 시도를 망설이게 할 수도 있습니다.

몬테소리 교실에서는 '일상생활 영역 놀이'를 통해 아이들이 아주 어릴 때부터 스스로 하는 습관을 배웁니다. 이것은 혼자 물을 따르는 법을 배우거나, 스스로 음식을 먹을 수 있게 훈련하는 숟가락을 활용한 놀이 등을 말합니다. '주변환경 보호 놀이'를 통해 교실뿐만 아니라 집안 환경을 가꾸는 것도 배웁니다. '자기를 돌보는 놀이'를 통해서는 단추, 지퍼, 신발끈, 허리띠 등 옷을 혼자 입거나 손 씻기, 머리 빗기, 코 풀기 등을 스스로 하는 법을 배울 수 있습니다. 또한 '예의범절 놀이'도 있습니다. 이것을 통해 사회 생활을 편안하게 느낄 수 있도록 돕습니다.

아래에 소개되는 장난감들은 아이가 신생아 때부터 사용합니다. 이것들을 통해서 아이들의 자립심은 태어날 때부터 생긴다는 점을 알게 될 것입니다.

몬테소리 교육에서는 4가지 유형의 모빌이 중요합니다.

: 고비(Gobbi) 모빌

: 무나리(Munari) 모빌

: 8면체 모빌

: 춤추는 모빌

이 밖에도 모빌형 딸랑이, 방울, 링, 잡는 공 등을 추천합니다.

모빌은 아기가 손을 뻗어 잡을 수 있는 위치에 달아야 하고, 아기의 가슴 위로 다는 것이 좋습니다. 아기가 무의식적으로 그 장난감들을 만지고, 이때 아이가 그러한 동작을 해서 모빌을 움직인다는 것을 알 수 있게 하기 위해서입니다.

또한 아이의 무의식적인 이 접근은 조금씩 조금씩 의식적인 것으로 바뀔 것입니다.

모빌은 자동으로 돌아가는 전동형이나 음악이 나오는 것을 사용하지 말아야 합니다. 아이가 스스로 만져서 움직이게 하거나, 소리를 내지 못하므로 자립심 발달에 도움이 되지 않기 때문입니다. 아이들은 생후 6~7주가 되면 모빌을 만져 움직여 볼 수 있게 됩니다.

우리는 또한 몬테소리 공이나 방울을 만져서 소리 나게 했을 때 아이가 얼마나 기뻐하는지를 목격할 수 있습니다. 부모가 모빌을 대신 작동시켜줄 필요는 없습니다.

# 식사 준비를 놀이처럼

만 15개월부터 아이는 걸을 줄 알게 되고, 두 손을 사용할 줄 알게 됩니다. 또한 아주 열렬히 어른의 삶에 참여하고자 하고 어른이 하는 것을 똑같이 할 수 있다는 것에 큰 희열을 느낍니다.

아이는 주방에서 양육자와 자신이 함께 채소를 다듬거나 간식을 준비하는 것을 좋아합니다.

먼저 아이의 손이 닿는 높이의 선반에 다음과 같은 준비물을 우드 트레이에 담아 준비해 둡니다.

제과제빵 도구나 레몬즙 짜개 등의 준비물들은 주방에서 도구를 찾아오기 쉽도록 한 곳을 지정해 두는 것도 좋습니다.

아이가 아직 어린 관계로 각각의 우드트레이와 준비물은 한 가지 놀이를 위해서만 준비되어야 합니다. 아이가 한 가지 놀이를 잘 해내면 다른 놀이를 할 수 있습니다. 몬테소리 교육에서는 아이에게 한 번에 딱 한 가지의 과제만 주는 것이 매우 중요합니다.

준비물이 담긴 우드트레이를 아이에게 보여줄 때 시각적인 면도 아주 중요합니다. 우드트레이가 보기에 아름다워야 아이의 미적감각 발달을 돕고, 놀이를 계속 하고 싶은 마음이 들게 합니다.

- 어른이 보여주는 놀이의 시연은 간단해야 하고, 명확해야 합니다. 동작은 정밀해야 하고 말을 많이 하는 것도 안 됩니다. 어른이 동작을 하면서 말을 하면 어른의 손을 쳐다보고 있던 아이의 집중이 흐려질 수 있습니다.
- 아이에게 시연을 보여주기 전에 어른은 사전에 여러 번 연습을 해야 합니다. 양육자가 여러 번 해 보면서 아이도 혼자 할 수 있는 수준인지 점검해 보는 것입니다. 시연을 할 때도 아이가 잘 따라 할 수 있도록 준비물을 놓아둡니다.

아이가 놀이를 하기 전에 반드시 어른이 한 번 시범을 보여주어야 합니다. 이는 아이가 실패를 하거나 틀린 방법으로 하는 것을 예방합니다.

- 준비물이 담긴 우드트레이를 보여주기 위해서는 어른이 항상 아이의 오른쪽에 있어야 합니다. (왼손잡이일 경우 왼쪽에)

- 모든 행동은 왼쪽에서 오른쪽으로 진행되어야 하는데 이는 아이가 글씨 쓰는 방향을 알게 합니다. 이는 아이의 두뇌에 방향을 입력하게 하므로 매우 중요합니다. (물론, 글씨를 오른쪽에서 왼쪽 순서로 쓰는 문화에서는 반대로 해야 합니다.)

- 준비물은 엄지손가락과 집게손가락, 가운데손가락을 모아 집는 것이 원칙입니다. 이를 통해 아이의 손가락 사용이 좀 더 능숙해지고 펜을 잡는 손가락이라는 것을 자연스럽게 익히게 되며, 소근육 발달에도 도움이 됩니다. 아이가 펜을 잡을 때가 되면 자연스럽게 필기도구를 잡을 수 있게 되고 글씨도 잘 쓰게 됩니다.

# ✿ 채소 씻기

## 준비물

- ◆ 우드트레이
- ◆ 채소를 씻을 솔이나 수세미
- ◆ 당근 1개
- ◆ 밥그릇 1개
- ◆ 행주 1개
- ◆ 아이의 키가 닿는 싱크대(또는 일반 싱크대일 경우 키 높이를 맞출 수 있는 받침대를 준비합니다.)

## 방법

① 아이를 싱크대로 부릅니다.

② 준비한 채소, 그릇, 솔을 우드트레이 위에 얹습니다.

③ 그릇의 반을 물로 채웁니다.

④ 당근을 그릇 안에 넣습니다.

⑤ 어른이 왼손(왼손잡이는 오른손)으로 그릇을 잡습니다.

⑥ 어른이 오른손으로 솔(수세미)을 잡고, 당근을 문질러가며 씻습니다.

⑦ 아이가 해 보도록 합니다.

만약 아이가 물을 사방으로 튀게 하면 간단하게 "물은 싱크대 안에서만 쓰는 거야"라고 말합니다. 그래도 아이가 계속한다면 "이제는 그만할 때야"라고 합니다. 아이에게 화를 낼 필요는 없습니다. 부모는 아이가 할 수 있다는 확신을 심어주면 됩니다.

 당근이나 오이 말고도 바나나 등 다른 과일이나 채소를 씻어 보게 할 수 있습니다.

# ☆ 채소 껍질 깎기

**준비물**

- ◆ 어린이용 과일 껍질 깎는 도구 1개
- ◆ 오이 1개
- ◆ 오이를 담을 작은 접시
- ◆ 껍질을 담을 그릇 1개
- ◆ 쟁반 1개

**방법**

① 아이가 오이를 씻고, 씻은 오이를 접시와 함께 탁자로 가지고 옵
   니다.

② 껍질 깎는 도구를 오른손으로 잡습니다.

③ 왼손으로 오이를 잡습니다.

④ 오른손으로 오이를 깎되 바깥쪽으로 향하게 합니다. 이는 아이
   가 칼날이 자기 손 방향으로 껍질 깎는 습관을 들이지 않게 하기
   위해서입니다.

⑤ 몇 번 깎으면 아이가 껍질을 제거하게 합니다.

⑥ 껍질을 그릇에 담습니다.

⑦ 오이를 접시 위에 담습니다.

# ☆ 채소와 과일 자르기

## 준비물

- ◆ 우드트레이(아래의 준비물들을 담습니다.)
- ◆ 칼(아이가 사용할 수 있는 무딘 것으로 치즈나 포도 등을 자를 수 있는 정도의 안전한 것) 또는 슬라이서
- ◆ 나무로 된 작은 도마
- ◆ 당근 1개
- ◆ 그릇 1개

## 방법

① 아이가 당근을 씻어서 탁자 위에 있는 도마 위에 놓게 합니다.

② 당근을 도마 중간에 놓습니다.

③ 두 손으로 칼이나 슬라이서를 눌러 당근을 자릅니다.

④ 두 동강으로 자르고 그릇에 담습니다.

⑤ 아이가 해 보도록 합니다.


채소 자르기 놀이는 채소 씻기와 껍질 깎기 놀이에 이어서 하기에 좋습니다. 이 놀이를 할 때는 아이가 채소를 집어 먹지 않도록 주의합니다.

채소 자르기 놀이가 끝나면 아이와 함께 자른 채소를 먹거나 음식

의 재료로 사용해도 됩니다. 아이들은 요리 준비에 참여할 수 있다는 것과 채소의 이름을 구별해내는 능력을 가지는 것을 무척 좋아합니다.

---

✏️ 더 알아보기

이 놀이에 다른 식재료를 사용할 수 있습니다. 사과를 사용할 때는 반쪽으로 미리 쪼개 놓고, 샐러리나 큰 포도알, 껍질을 벗겨 놓은 키위, 오렌지, 껍질을 깎아 놓은 멜론 등을 잘라 볼 수 있습니다. 한발 더 나아가 바나나 껍질 까는 법을 알려주고, 바나나 자르는 놀이를 해 볼 수도 있습니다. 치즈를 잘라 보는 것도 좋습니다.

# 식탁에서

아이가 스스로 음식을 먹을 수 있는 시기가 되면 혼자 먹는 방법을 알려주어야 합니다. 수저 등 식사 도구를 쉽게 찾아 가지고 올 수 있도록 아이의 키에 맞는 선반과 서랍이 필요합니다. 아이의 그릇은 플라스틱보다는 도자기나 유리가 낫습니다. 가볍고 깨질 수 있는 것이 좋습니다. (물론 깨졌을 때 아이가 다치지 않게 신속히 조치한다는 가정 하에서입니다. - 편집자주) 이를 통해 그릇은 예쁜 것이고, 조심히 다루어야 하는 것이라는 사실을 배우게 됩니다.

낮은 테이블과 테이블 높이에 맞춘 의자는 아이가 신체적으로 안전한 자세를 취할 수 있게 합니다. 이는 아이가 새로운 음식을 접했을 때 집중할 수 있도록 합니다. 높은 의자는 아이가 몸에 맞지 않는 자세를 하게 합니다. 아이가 식탁과 의자 사이에 끼어 있는 것이 아니라, 불편하지 않은 자세로 안전하고 편안하게 앉도록 합니다.

# ✿ 테이블 세팅하기

**준비물**

- ◆ 우드트레이 1개
- ◆ 개인 테이블매트 1개
- ◆ 접시 1개
- ◆ 포크, 나이프, 수저 등
- ◆ 작은 컵
- ◆ 꽃을 꽂은 작은 꽃병을 준비할 수도 있습니다.
- ◆ 정답을 확인할 수 있도록 잘 차려진 테이블 세팅 답안지를 프린트해서 준비합니다.

**방법**

1단계

① 테이블 세팅 답안지, 접시, 수저와 포크, 컵을 우드트레이에 담습니다.

② 우드트레이를 식탁 위에 얹습니다.

③ 테이블 세팅 답안지를 식탁 위에 펼칩니다.

④ 정답지를 따라 그 위에 접시, 컵, 수저와 포크 등을 올립니다.

⑤ 아이가 해 보도록 합니다.

## 2단계

① 정답지를 우드트레이 곁에 둡니다.

② 테이블 매트를 식탁 위에 깝니다.

③ 정답지를 보면서 그림에 따라 접시와 컵, 수저와 포크를 놓습니다.

④ 아이가 해 보도록 합니다.

## 3단계

① 정답지를 사용하지 않습니다.

② 테이블 세팅을 합니다.

③ 그 다음 정답지를 보고 확인합니다.

④ 아이가 해 보도록 합니다.

테이블 세팅 놀이는 접시, 물컵, 수저나 포크와 나이프 등 상차림을 배우는 것을 말합니다. 준비물들은 아이가 식사를 하는 공간 안에 아이의 키 높이에 맞는 선반에 두어야 합니다.

작은 쟁반에다가 스펀지, 스프레이 세제, 마른행주를 준비해 선반에 보관합니다. 아이의 식사가 끝나면 이 준비물들을 가지고 스스로 먹은 자리를 닦도록 가르칩니다.

📝 **더 알아보기**

아이가 냉장고 정리 방법을 아는 것도 중요합니다. 냉장고 내부에 아이 키가 닿는 칸에 과일, 샌드위치 식재료, 잼 같은 것을 넣습니다. 만 2세가 된 아이는 냉장고를 열 수 있습니다. 음료수를 꺼내 따라 먹을 수 있는 경우도 있습니다. 더 큰 아이들은 주스를 따라 마신다거나 샌드위치 같은 간단한 식사를 꺼내 먹을 수도 있습니다.

# ☆ 잼 바르기

**준비물**

- ◆ 우드트레이(아래의 준비물들을 담습니다.)
- ◆ 잼 바르는 칼(버터 나이프)
- ◆ 작은 그릇이나 커피잔
- ◆ 작은 도마
- ◆ 크림치즈
- ◆ 작은 접시
- ◆ 잼 등을 발라도 깨지지 않을 정도의 단단한 크래커

**방법**

이 활동의 핵심은 준비입니다. 크래커를 작은 도마 위에 올려 두고, 크림치즈는 작은 그릇이나 커피잔에 담습니다. 잼 바르는 칼은 작은 도마 옆 우드트레이에 놓습니다.

① 아이를 식탁으로 부릅니다.
② 우드트레이를 식탁 위에 놓고 어른은 아이 옆에 앉습니다.
③ 잼 바르는 칼을 오른손으로 잡습니다.
④ 왼손으로 작은 그릇을 잡습니다.
⑤ 잼 바르는 칼을 그릇 안에 담습니다.

⑥ 크림치즈를 조금 덜어 크래커 위에 놓습니다.

⑦ 평평하게 펴가며 바릅니다.

⑧ 아이에게 다른 크래커를 하나 주고 해 보라고 합니다.

⑨ 크래커가 담긴 접시를 냅킨 위에 얹습니다.

놀이가 끝나면 아이와 부모가 크림치즈를 바른 크래커를 나눠 먹습니다. 크래커나 빵에 무언가 발라 먹을 줄 아는 것은 스스로 간식을 준비할 줄 알게 되는 기쁨을 주어, 이 놀이를 하는 동안 즐거운 시간을 보낼 수 있습니다.

아이가 음식을 준비하는 것을 배울 때 중요한 점은 준비 도중에 집어 먹지 말아야 한다는 것입니다. 일의 순서와 의지력도 배우게 됩니다. 음식을 준비하는 과정은 첫 번째 단계이고, 이것이 끝나야 두 번째 단계로 음식을 먹는다는 것을 아는 게 중요합니다.

이것을 음식 나르기의 개념에도 적용해 볼 수 있습니다. 아이에게 우드트레이를 잡으라고 하고, 가족들에게 보여주면서 "크림치즈 크래커 드실래요?"라고 물어보게 할 수 있습니다.

> 땅콩버터를 사과 1/4 조각에 바르거나, 곡물빵에 초콜릿 소스를 바르기, 또는 베이글에 잼을 바르는 등 발라서 먹을 수 있는 것이라면 무엇이든지 좋습니다.

# 아기도 가능한 잠자기 교육

아기 침대는 울타리가 있는 것은 사용하지 않는 편이 좋습니다. 울타리는 아기가 스스로 일어나 장난감이나 놀이도구를 찾아가는 것을 방해하기 때문입니다.

아기는 신생아 때부터 바닥에 깐 매트리스에서 잠자는 것을 배우면서 자신감을 키울 수 있습니다.

신생아일 때는 엄마가 너무 피곤해지는 것을 방지하기 위해 모유 수유를 쉽게 하도록 부모와 같이 잠을 잘 수 있습니다. 그러나 가능한 한 빨리 바닥에 매트리스를 깔고 아기가 혼자서 잠을 잘 수 있도록 하는 것이 중요합니다. 또한 얼마 동안은 아기를 요람과 매트리스 두 가지를 사용해 재울 수도 있습니다.

아기가 뒤집기를 할 수 있게 되면 굴러 떨어져서 다치지 않도록 매트리스 근처에 매트를 깔아주어야 합니다. 아기방의 바닥은 딱딱한 타일은 피하는 것이 좋고, 나무 재질이나 장판이 좋습니다.

아기는 잠에서 깨는 순간에 혼자서 놀 수 있습니다. 아기가 움직이기 시작하면 자기 키가 닿는 선반이나 바구니 안에 있는 장난감을 찾을 수 있습니다. 또한 책장에도 마음껏 갈 수 있어서 자는 시간과 일어나는 시간을 스스로 조정하는 능력이 생깁니다.

울타리가 있는 아기 침대에서 자는 아이들은 잠에서 깼을 때 어른이 찾아와서 꺼내달라는 표현으로 울고 소리를 지를 것입니다. 이것은 부모에게 큰 스트레스를 안겨줍니다. 반대로 스스로 자고 일어날 조절 능력이 있는 아기들은 비교적 평온합니다. 게다가 아기는 자기가 사는 공간에 대한 개념이 생깁니다.

아래는 바닥에 매트리스를 깔고 아이를 재우라는 조언을 듣고 실천한 한 엄마의 경험담입니다.

"아기가 바닥에 있는 매트리스를 사용하기 시작한 뒤부터 아기가 밤에 잠을 자기 시작했어요. 새벽 4시에 일어나는 일이 열흘 만에 사라졌지요. 제가 만약 이것을 미리 알았더라면 아기방에 매트리스를 일찍부터 두었을 거예요. 지금 아기는 밤 9시 반에 잠을 자고, 아침 6시나 7시에 일어나요. 이 또한 이전에는 있을 수 없는 일이에요.

지금은 아기가 7시에 우유를 먹고 8시에 다시 자기 자리로 돌아가는
데 8시 반이나 8시 45분까지 봐주지 않아도 되요. 아기 침대 위에 달
아준 모빌을 혼자서 열심히 가지고 놀기 때문이에요."

# 스스로 씻고 입게 하라

혼자서 씻을 줄 아는 것과 옷을 입을 줄 아는 것은 아이의 자립심을 키우는 데 필수입니다.

## 혼자 옷 입기

아이에게 옷을 입힐 때는 항상 같은 순서로 해야 하고, 순간마다 무엇을 하고 있는지 말로 알려주어야 합니다. 또한 아이도 옷 입기에 참여하도록 권장해야 합니다. 예를 들어 '소매를 넣을 수 있도록 왼팔을 줘. 내가 지금 옷을 너의 뒤에 둘 테니 오른팔을 다른 소매에 넣거라. 나는 지금 너의 오른발에 양말을 신기고 있는 거란다'와 같이 설명해 줍니다.

여러분은 아이가 얼마나 빨리 옷 입기에 참여할 수 있고, 옷 입기의 순서를 기억하며, 어릴 때부터 혼자 옷을 입을 수 있다는 것을 확인하고 놀라게 될 것입니다.

아이가 걸음마를 시작하면 자립심을 키워주기 위해서 아이 옷들을 입는 순서대로 정돈해 놓습니다. 조금씩 아이는 이 순서를 기억하게 되며, 자기 옷을 고를 때도 순서를 지키게 됩니다.

아이가 자기의 옷을 고를 줄 알고 또 벗은 옷을 정돈할 줄 알도록 가능한 빨리 아이의 키 높이에 맞는 어린이용 옷걸이를 준비해줍니다. 이 옷걸이는 너무 많은 옷을 걸지 않는 것이 중요하고, 어른이 잘 골라 놓은 몇 가지만 걸어 주어야 합니다. 어린 아이들에게는 선택을 한다는 것이 아주 어렵습니다. 이런 아이에게 선택을 하도록 시키는 것은 불필요하게 큰 스트레스를 안겨주기 때문입니다. 게다가 어릴 때부터 어른이 골라 놓은 옷을 입는 습관은 나중에 아이가 자기 스스로 옷을 골라 입고 싶어 하는 나이가 되었을 때 자식과 부모가 싸우거나 적절하지 않은 옷을 고집하는 일을 방지해 줍니다.

키가 낮은 옷걸이 외에도 작은 서랍이나 내용물을 알기 쉽게 스티커를 붙인 상자(팬티, 양말, 장갑, 목도리 등)를 준비하는 것도 좋습니다.

# 씻기

자기 용모를 스스로 가꿀 줄 아는 것은 매우 중요합니다. 이를 위해서는 칫솔이나 빗 등 필요한 모든 것들을 아이의 손이 닿는 높이에 두어야 합니다.

아이의 키 높이에 맞는 작은 욕실용 가구를 설치하고, 이때 거울은 반드시 달아주어야 하며, 양치질을 할 때 사용할 컵과 칫솔, 치약, 빗, 장갑, 수건 등을 넣을 수 있는 작은 서랍도 마련해 줍니다.

아이가 원한다면 이 가구 위에는 세숫대야를 올려 아이가 물을 담아 사용할 수 있게 합니다. 물은 작은 캠핑용 물통을 사용하면 됩니다. 세수를 마치면 물을 혼자서 버릴 줄 알아야 합니다.

아이가 최대한 빨리 혼자 하게 하려면 어른이 동시에 본을 보여야 합니다. 예를 들어 양치를 한다고 했을 때, 아이가 이를 닦으면 어른이 옆에서 같이 닦습니다. 아이는 어른이 하는 것을 보고 따라 합니다. 아이의 뒤에 서서 아이의 손을 잡고 이 닦는 것을 가르쳐 줄 수도 있습니다.

목욕을 할 때는 작은 플라스틱 병을 준비해서 샤워젤이나 샴푸를 담아서 아이가 사용하게 합니다. 옷 입히기 교육을 할 때처럼 목욕을 시킬 때도 어른이 도와주는 동안 아이가 참여하게 해야 하고, 아이 스스로 할 수 있는 만큼 해 보게 두어야 합니다.

# ☆ 손 씻기 놀이

## 준비물

- ◆ 아래의 준비물을 담을 우드트레이
- ◆ 세숫대야 1개
- ◆ 비누와 비눗갑 각각 1개
- ◆ 손톱을 씻는 솔
- ◆ 스펀지 1개
- ◆ 작은 수건 1개
- ◆ 걸레 1개
- ◆ 핸드크림 1개
- ◆ 대야에 부을 물을 담을 물통 1개
- ◆ 물을 버릴 양동이 1개

## 방법

① 테이블에 방수천을 깔고, 준비물이 든 우드트레이를 테이블 위에 놓습니다.

② 세숫대야를 테이블 중앙에 놓습니다.

③ 방수천 위에 손을 씻는 순서대로 준비물을 줄세워 놓습니다. 비누와 비눗갑, 손톱을 씻는 솔, 스펀지, 수건, 핸드크림입니다.

④ 물통에 있는 물을 세숫대야에 붓습니다.

⑤ 두 손을 대야 깊숙이 담급니다.

⑥ 비누를 잡아 손 사이에 넣고 비누칠을 한 다음 비눗갑에 다시 놓습니다.

⑦ 손을 잘 비벼 씻고, 손가락도 잘 문질러주되, 엄지손가락, 집게손가락, 가운뎃손가락 등 각각의 손가락 이름을 말하면서 씻습니다.

⑧ 손톱을 씻는 솔을 사용하는 방법을 알려줍니다.

⑨ 손톱을 씻는 솔을 제자리에 둡니다.

⑩ 물을 다시 대야에 넣어 비누를 씻어냅니다.

⑪ 수건으로 손을 닦습니다.

⑫ 핸드크림을 손바닥에 짜고 두 손을 비벼 크림을 바릅니다.

⑬ 스펀지 물기를 짜내고 우드트레이를 닦습니다.

⑭ 더러워진 물을 양동이에 버립니다.

⑮ 모든 준비물들을 우드트레이에 다시 담습니다.

⑯ 물이 많이 튀었을 경우에는 방수천과 대야를 걸레로 닦습니다.

⑰ 아이가 원하는 만큼 손 씻기 놀이를 할 수 있게 합니다.

# 글 읽기, 왜 중요할까

아이가 자아의식을 가지게 되는 만 6세 정도가 되면 자립심에 대한 민감기를 겪습니다. 무엇을 하더라도 '내가 혼자 할래요'라고 말하는 것을 볼 수 있습니다. 아이가 읽어야 할 내용을 어른이 다 읽어 준다면 아이에게 자립심이 생길 틈이 주어지지 않을 것입니다. 그러므로 이 시기에 글을 읽을 줄 아는 것은 매우 중요합니다.

아이는 이때 글자라는 것이 아무데서나 보인다는 것을 알게 됩니다. 양육자의 역할은 아이가 자기의 생활 범위 안에서 편안함을 느끼도록 돕는 것입니다. 그러므로 아이가 겪는 일상에서 자주 보이는 숫자나 글자를 아는 것이 중요합니다. 아이가 매일 아침을 먹을 때 보는 시리얼 상자나 길에서 보이는 간판들, 부모님이 읽는 신문에 나와 있는 글자, 아이가 좋아하는 책인데 아직 혼자서 읽을 줄 모르는 글자들과 같은 것들 말입니다.

아이가 만 2세가 되면 글자 읽기 놀이를 시작할 수 있습니다. 이때 아이들이 배우는 순간의 즐거움과 무언가를 배울 때 집중할 힘이 있다는 점을 깨닫는 것이 가장 중요합니다. 만 6세가 되면 글 읽기 학습을 시작하는 것이 비교적 늦은 감이 있습니다. 놀이 등을 통해 배우는 즐거움이 최대치에 이르는 민감기가 지나버리면, 다시 기회를 찾는 것은 쉽지 않은 일입니다.

읽기와 말하기를 일찍 익힌 아이는 학교의 정규 교과과정에 대한 스트레스를 받지 않습니다. 유치원에 가면 읽기와 쓰기를 배우고, 졸업할 때쯤 읽고 쓰는 것을 알아야 하고, 동시에 이것 말고도 여러 가지를 배우게 되는데 배움의 기쁨을 깨닫지 못한 상태로 이러한 여러 학습을 동시에 하게 되면 부담감이 커지고, 비정상적으로 되며, 스스로에 대한 자신감이 사라지게 됩니다.

그러므로 부모들은 아이가 배움에 대해 갈증을 느끼는 민감기를 놓치지 말고 여러 가지 다양한 놀이를 통해 갈증을 해소시켜 주는 역할을 해주어야 합니다. 특히 단어는 여러 소리(음절)가 결합되어 만들어진 것이고, 각각의 소리는 글자로 쓸 수 있다는 기본을 알아야 합니다.

여러분은 아이가 단어를 잘 알아들을 때까지 여러 가지 놀이를 할 수 있습니다. 언어를 익히는 놀이는 감각을 익히는 놀이와도 연결되어 있습니다. 아이가 소리를 잘 들을 줄 아는 청각을 키우는 것이 언어 발달의 기본이기 때문입니다. 감각 발달의 민감기는 신생아부터 만 6세까지가 최적기이므로, 이 나이 때에 최대한 감각이 많이 발달할 수 있도록 도와주어야 합니다.

소리 놀이 몇 가지를 예로 들면 다음과 같습니다.

- '도윤'이라고 말할 때 가장 먼저 무슨 소리가 들리니? 'ㄷ' 소리가 들리지?
- '맘마'라고 할 때는 가장 먼저 무슨 소리가 들리니? 'ㅁ' 소리가 들리지?
- '밥솥'이라고 할 때는 가장 먼저 무슨 소리가 들리니? 'ㅂ' 소리가 들리지?

발음이 쉬운 것부터 시작하고, 나중에는 어려운 발음 즉 'ㄲ, ㅋ, ㅃ, ㅍ, ㅉ, ㅊ' 같은 것을 들려줍니다.

또한 유아용 손가방과 같이 아주 작은 물건, 오토바이 장난감, 자동차 장난감 등을 준비해서 "내 눈은 '오'로 시작하는 물건을 보고 있는데 무엇일까?"라고 질문하고, 아이는 '오토바이'라고 답합니다.

사자나 호랑이, 원숭이 같은 동물 그림으로도 소리 놀이를 할 수 있습니다. "이것들 중에서 'ㅅ'으로 시작하는 동물은 무엇일까?"라고 물어봅니다. 이 같은 놀이는 단어가 어떤 음절로 시작하는지 알 때까지 합니다.

이번에는 아이들이 정말 좋아하는 놀이를 할 것입니다. "우리 집에서 '아'로 시작하는 것을 골라 봐", "네 방에 있는 장난감들 중에 'ㄱ' 소리로 시작하는 것을 찾아봐" 등입니다.

아이가 단어는 한 음절로 시작한다는 것을 알게 된 후에는 단어의 끝음절도 가르칠 수 있습니다. 아이가 단어를 이루고 있는 소리들을 이해하면 글자 배우기로 넘어갈 수 있습니다.

## 글자 놀이

몬테소리 교육에서는 글자를 배울 때 '단어 카드'를 사용합니다. 단어 카드에는 여러 가지가 있는데 신경과학자 스타니스라스 드엔(Stanislas Dehaene)계의 것을 추천합니다.

이 카드는 자음은 분홍색 카드에, 모음은 파란색 카드에 거칠거칠한 재질로 표시되어 붙어 있습니다. 아이가 각각의 글자를 손으로 만져보면서 머릿속에 그 모습을 잘 기억하게 해줍니다. 이 카드는 집에서 만들 수도 있습니다.

아이는 이 같은 일련의 놀이를 통해 단어는 소리로 이루어져 있다는 것을 이해하고, 글자를 조합해 단어를 만들고, 나중에는 읽을 줄 알게 됩니다. 배움의 속도는 각각의 아이에 따라 매우 다릅니다. 이 학습은 절대적으로 아이가 재미있는 놀이로 인식해야 하고, 놀이를 할 때 즐거움을 느껴야 합니다. 가장 최악인 것은 스트레스를 받게 하거나, 압박을 가하는 것입니다. 아이를 믿어야 하고, 아이가 관심을 가질 수 있도록 아이에게 상냥하게 다가가면서 학습에 도움을 주어야 합니다.

# ☆ 소리 놀이

**준비물**

◆ 작은 상자 안에 여섯 가지 물건 또는 작은 모형을 넣습니다.(가방, 과자, 신발, 사과, 자동차, 지구본 등)

◆ 매트 1개

**방법**

① 상자를 찾아와 탁자 위에 놓습니다.

② 작은 매트를 탁자 위에 놓고, 매트의 왼쪽 상단에 상자를 놓습니다.

③ 물건들을 꺼내 매트의 위쪽에 놓고, 왼쪽에서 오른쪽 순서로 정렬합니다.

④ 아이가 각각의 물건들의 이름을 알고 있는지 확인합니다.

⑤ 가방을 집어 들고 "나는 가방처럼 'ㄱ' 소리로 시작하는 물건을 찾고 있어. 어디에 있지?"라고 물어봅니다.

⑥ 가방을 매트 위 다른 물건들의 아래쪽으로 놓습니다.

⑦ 만약 아이가 정답인 '과자'를 잘 골랐다면 "네가 'ㄱ' 소리를 잘 듣고 가방과 같이 'ㄱ' 소리로 시작하는 단어인 '과자'를 잘 찾았구나"라고 칭찬해 줍니다.

⑧ 사과와 신발, 자동차와 지구본으로도 계속 놀이를 해 봅니다.

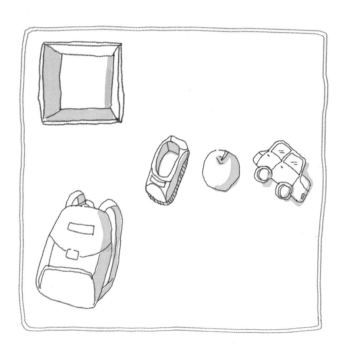

### 더 알아보기

아이가 이 놀이를 잘 해내면 끝나는 단어의 마지막 자음으로도 해 볼 수 있습니다. 예를 들어 'ㄹ'로 끝나는 단어인 '연필, 오솔길' 등입니다. 아이가 이것도 잘 해내면 모음으로도 해 볼 수 있습니다. 예를 들어 'ㅗ' 소리가 나는 '공, 손' 등의 단어입니다.

2부

실수에서 배우는
실수 관리 학습법

# 실수 관리가 무엇인가요?

실수 관리란 아이가 놀이를 통한 학습 후에 제대로 했는지 못했는지를 스스로 확인할 수 있게 하는 정답지와 같은 것입니다.

실수 관리를 하는 이유는 이것이 몬테소리 교육의 기본이고, 아이의 자신감 발달에 핵심적인 요소이며, 그밖의 여러 가지 장점을 가지고 있기 때문입니다.

- 놀이나 학습의 결과에 대해 평가하는 주체는 어른이 아니라 아이여야 합니다. 어른들이나 주변에서 무심코 이야기하는 '틀렸어', '이게 아니잖아' 같은 상처를 줄 수 있는 말에 쉽게 좌절하지 않게 됩니다.
- 아이는 스스로 창의적인 마인드를 키우게 됩니다. 스스로 생각하며 시도해보면서 다른 해결책을 찾아 나가는 과정을 통해 문제

가 닥쳤을 때 해결하는 방법과 정답을 찾게 됩니다. 아이는 혼자서 해낼 수 있다는 것을 조금씩 알아가면서 자신감이 생깁니다.

- 어른들의 판단을 기다리지 않고 혼자서 배울 수 있다는 것을 깨달으면 능동적인 아이가 됩니다. 실수 관리를 함으로써 바르게 하고 있는지 아닌지를 판단할 수 있는 가능성을 열어주기 때문에 더 어려운 문제도 해결해내며 발전할 수 있습니다. 또한 아이는 자신이 학습의 주인이 되어 자신감을 키워갑니다.

- 아이는 실수를 했을 때 고칠 수 있다는 것을 이해하게 됩니다. 그러면서 틀린다는 것에 대해 두려워하지 않습니다. 한번 실수를 받아들이면 실수 자체에 대한 두려움이 없어지기 때문에 새로 배우는 것을 겁내지 않습니다. 아이는 시도해보고, 앞서나가고, 새로운 것을 배워갈 때 스스로에 대한 확실한 믿음이 있습니다.

- 실수 관리를 통해 아이는 혼자 배우는 법을 알아가면서 자립심을 키울 수 있습니다.

- 아이는 혼자 공부를 하면서 자기만의 리듬을 찾습니다. 어른이 와서 정답 여부를 가르쳐 줄 때까지 기다리지 않고, 공부하는데 부모가 뒤따라 다니지 않아도 됩니다. 아이가 좀 더 시간을 갖고 싶어하거나 기억을 하는데 시간이 조금 더 걸린다면 다른 아이들과 리듬을 같이 할 필요는 없습니다. 아이는 다른 아이들과 비교를 하지 않기 때문에 자신감을 잃지도 않을 것입니다. 반대로 시

간이 더 많이 필요하지만 결국엔 아주 잘 배울 수 있다는 사실을 알아가게 될 것입니다.

- 아이는 점차적으로 배우게 됩니다. 왜냐하면 처음에는 눈으로 볼 수 있는 것부터 시작해서 점차 추상적인 것을 배우게 되면서 실수하는 횟수도 줄어들며 점진적인 발전을 합니다. 아이는 자신감을 잃지 않고, 오히려 자신감이 더 견고하고 오래가는 것으로 강화됩니다.

모든 진보는 앞으로 이 책에서 소개될 집이나 교실에서 할 수 있는 놀이들과 함께 아주 어릴 때부터 시작될 것입니다.

어른은 놀이를 창작해내고, 실수 관리법을 고안해내고 또한 해당 준비물을 찾아보아야 합니다.

하루는 한 사람이 저자의 교실에 찾아와 아이들을 관찰하고는 태블릿 PC 같은 것을 수업에 활용해 보라고 제안한 적이 있습니다. 그러자 몇 년 동안 몬테소리 교육을 받은 한 학생이 말했습니다.

"태블릿 PC는 좋지 않아요! 왜냐하면 그것을 쓰면 우리가 틀렸는지 맞았는지 바로 알려주기 때문에 우리가 스스로 생각을 할 필요가 없게 만드니까요. 몬테소리 교육에서는 교육도구들을 사용하면서 우리가 생각을 하게 되고, 우리 스스로 정답을 찾아내요."

# 일상에서 배우는 실수 관리

아주 어린 아이들은 '일상생활 영역 놀이'라는 것을 합니다. 아이의 운동성이 어느 정도 발달하면 일상에서 일어나는 일들에 참여하기 시작할 수 있습니다.

일상생활 영역 놀이는 한 그릇에 담긴 내용물을 다른 그릇으로 옮기기, 숟가락으로 내용물 옮기기, 핀셋으로 옮기기 등이며 이 모든 준비물은 우드트레이에 담습니다.

그릇과 내용물이 우드트레이 안에 있기 때문에 아이가 내용물을 따를 때 흘리면 쉽게 주워담을 수 있습니다. 다시 따르기 시작할 때는 또 쏟지 않기 위해 더 신경 씁니다.

액체를 따르는 놀이를 할 때 내용물을 흘리게 되면 아이는 작은 스펀지와 행주를 가지고 닦아냅니다. (이 놀이를 하기 전에는 스펀지로 액체를 흡수하는 법을 가르쳐 줍니다.)

그 밖에 실수 관리 능력을 높일 수 있는 놀이로는 아래의 여러 가지가 있습니다.

## 짝 맞추기

여러 사물을 가지고 같은 성질의 것들로 짝을 맞추어 보는 놀이입니다.

같은 소리가 나는 상자, 같은 향기가 나는 상자 등으로 짝을 맞추어 볼 수 있습니다. 또한 그림을 가지고도 할 수 있는데 한 쌍의 그림 뒤에는 같은 색깔의 스티커를 붙여줍니다.

## 구분하기

몬테소리 놀이에서는 아이에게 감각 능력과 질서를 가르치기 위해서 여러 가지 활동을 합니다. 색깔별로 구분하기, 모양별로 구분하기, 질감별로 구분하기, 소리별로 구분하기 등이 그것입니다.

이러한 형태의 놀이를 준비하거나, 서너 가지 성격으로 구분을 할 때는 각 성격별로 항상 같은 숫자의 물건을 준비합니다. 예를 들어 색깔별로 같은 단추 모아보기를 한다면 노랑, 빨강, 파랑 등 각각 다른 색의 단추를 같은 개수로 준비합니다.

또한 아이는 각각의 카테고리마다 실수 관리를 위해 같은 성격의 짝을 이루는 그림이나 사물 뒤에 같은 색의 스티커를 붙입니다.

## 퍼즐

퍼즐을 할 때는 완성된 이미지가 나타나 있는 정답 확인용 카드를 두꺼운 종이에 부착해 준비합니다. 아이가 퍼즐을 섞고 퍼즐을 찾다가 그 조각을 어디에 넣어야 할지 모를 때 정답 확인용 이미지를 보고 각각의 퍼즐 조각이 어디에 위치하는지 알게 합니다.

## 읽기와 셈하기

아이가 자라서 계산을 할 수 있게 되면 작은 카드를 준비해 앞면에는 질문을 적고 뒷면에는 정답을 적습니다. 또한 아이가 계산을 한 후 뒷면을 뒤집어 보고, 정답이 아닐 경우에는 정답을 찾을 때까지 다시 해 봅니다.

아이가 글을 읽을 줄 알게 되면 글자와 그림을 따로 준비해 맞추어 보게 할 수 있습니다.

## 과학과 예술

과학, 지리, 예술에 관한 모든 단어들은 '단어 카드'라고 부르는 것으로 배웁니다. 단어 카드는 짝을 맞추는 놀이로, 카드 하나에는 그림과 그 그림의 이름에 해당하는 단어가 나타나 있습니다. 다른 카드에는 같은 그림이 나타나 있되 글씨는 없습니다. 나머지 하나는 단어만 쓰여 있습니다.

아이의 나이에 따라 여섯 세트에서 열댓 개까지 사용할 수 있습니다. 아이는 탁자나 매트 위 왼쪽 상단에 단어 카드를 놓고, 왼쪽에서 오른쪽 순서로 그림과 글씨가 모두 나타나 있는 카드를 진열합니다.

그 다음 글씨가 쓰여 있지 않고 그림만 있는 카드를 짝을 맞추어 그림과 글씨가 모두 나타나 있는 카드 아래쪽에 둡니다. 이제 아이가 배우기를 시작합니다. 그림과 글씨가 다 있는 카드를 뒤집습니다. 글씨만 써있는 카드들을 섞어서 알맞은 그림 밑에 두어 짝을 맞춥니다.

다 마치면 뒤집었던 그림과 글씨가 다 있는 카드를 다시 뒤집어 정답을 확인합니다. 만약 틀렸을 경우 아이 스스로 살펴보고 다시 시작해 보면서 맞추어 봅니다. 이러한 활동은 모든 과목에서 적용해 사용할 수 있습니다.

## 집게와 카드

이 놀이는 아이가 만 3세부터 하기에 좋습니다. 예를 들어 한 카드에 두 마리의 기린을 그립니다. 카드의 아래에는 숫자 1, 2, 3이 쓰여 있습니다. 카드의 뒷면에는 숫자 2를 적고, 정답 자리에 색깔이 있는 동그란 스티커를 붙입니다. 아이는 기린 그림을 보고 맞는 숫자에 집게를 꽂습니다. 이제는 맞는지 카드를 뒤집어 봅니다. 스티커가 붙어있는 자리에 꽂았다면 정답입니다. 이 카드는 글자 배우기나 숫자 세기, 계산하기, 문법 등 여러 주제로 확인할 수 있습니다.

## 현수막

역사와 같이 시간의 순서대로 설명할 수 있는 것들은 '학습 현수막'을 사용합니다.

현수막은 그림이나 사진을 활용해 각각의 다른 시대를 적당한 비율로 나타냅니다. 또한 아이는 이것을 천천히 살펴볼 수 있고 각각의 시대에 맞는 그림을 맞추어 살펴볼 수 있습니다.

다른 현수막 하나는 아이가 직접 만들어 보는 것입니다. 이미지는 없고 각각의 시대만 표시되어 있습니다. 아이는 학습 현수막에서 본 그림이나 사진의 위치를 눈에 익힙니다.

학습 현수막을 잘 익히고 나면 그림과 사진들을 자기의 현수막 위에 알맞은 시대를 찾아 붙입니다.

놀이가 끝나면 자기가 한 것과 학습 현수막을 스스로 비교해 가면서 정답을 맞추어 봅니다. 아이가 원하는 만큼 모든 것이 제자리를 찾을 때까지 놀이를 계속합니다.


## 색깔로 기억하기

실수 관리는 색깔로도 해 볼 수 있습니다. 예를 들어 지리를 익힐 때 대륙별로 다른 색을 사용할 수 있습니다.

한 대륙을 지정해 지도에 한 가지 색을 입힙니다. 해당 대륙에 대한 여러 가지 사진이나 그림을 준비해 같은 색깔의 색지 위에 붙여 봅니다.

먼저 사진 뒤에는 해당 대륙을 지정한 색깔에 해당하는 작은 스티커를 붙입니다. 사진을 색지 위에 올렸을 때 색지가 테두리 역할을 할 수 있도록 색지를 사진보다 조금 더 크게 자릅니다.

이러한 방식의 놀이는 지리뿐만 아니라 과학 공부에도 사용할 수 있습니다. 예를 들어 동물 분류, 식물 분류, 나무 분류 등입니다. 초식동물과 잡식동물, 육식동물에 해당하는 색깔을 각각 하나씩 지정합니다. 각각에 해당하는 동물 사진을 구해 색깔에 맞추어 붙입니다.

처음에는 아이들이 색깔별로 구분하기 시작하지만 나중에는 각각의 성격을 익히게 됩니다. 이어, 테두리 색깔만을 가지고도 각 대륙에 어떤 것이 있는지 배우게 됩니다.

좀 더 발전하면 테두리 색깔없이 사진만 보여주고 어떤 대륙에 해당하는 것인지 맞추어 보게 할 수 있습니다. 아이가 '색깔로 기억하기' 놀이를 통해 기억한 것으로 각 사진들에 해당하는 대륙을 맞출 수 있습니다. 스스로 실수 관리를 하기 위해서는 사진 뒤에 붙은 색깔 스티커를 활용하면 됩니다.

이 기술은 공부하는 방법을 배우기 때문에 아이의 자신감 발달에 좋습니다.

이 놀이는 또한 문법이나 단어의 성질을 익힐 때 사용할 수 있습니다. 저마다 카테고리는 각각의 도형과 색깔로 나타냅니다. 몬테소리 교육에서 동사는 빨간색 원형, 명사는 검은색 삼각형, 형용사는 남색 삼각형, 관형사는 하늘색 삼각형 등으로 구분합니다.

처음에는 작은 종이에 문장을 적고, 뒷면에는 각각에 맞는 색깔과 도형을 그립니다. 아이는 색깔을 통해서 각 단어들의 성격을 익히게 됩니다. 또 명사와 동사, 형용사 등 단어의 성질에 따라 문장 조합을 잘할 수 있게 됩니다. 조금씩 색깔을 치워도 아이가 종이에 적힌 문장을 구성하고 있는 어절들을 분석하고 뒷면에 있는 그림으로 맞추어 볼 수 있게 됩니다.

# 정답부터 확인하려는 아이

　물론 실수 관리를 한다고 언제나 정답을 찾을 수 있는 것은 아닙니다. 끝내 스스로 못할 때도 있습니다. 이때 너무 성급하게 감정적으로 대응하면 안 됩니다. 글자와 숫자 익히기를 예로 들어 보겠습니다. 아이가 정답을 찾지 못하는 경우, 부모나 교사는 절대 '넌 틀렸어' 또는 '오답이다'라고 말하면 안 됩니다. 제대로 된 글자나 숫자를 다시 알려주기만 하면 됩니다. 아이가 만약 또 틀린다면 아이가 아직 준비가 되지 않았다는 뜻이므로 다시 보여주거나 다른 도구로 공부할 수 있게 될 때까지 기다립니다.

　어떤 어른들은 아이가 쉽게 포기하고 정답 확인부터 하려고 한다고 생각할 수 있습니다. 몬테소리 교육을 받고 있느냐 여부에 상관이 없이 아이들의 성격은 그렇지 않습니다. 아이가 실패를 두려워하거나 스스로에 대한 자신감을 잃었을 때 그와 같은 행동을 합니다. 실수 관리를 통해 놀이도구를 사용해 해결책을 찾으면서 공부 방법을 배울 수 있습니다. 해결책을 찾아가는 과정은 자신감을 강화하는 데 큰 도움이 됩니다.

3부

왜 환경이 중요한가

· · · · · · · · · · · · · · · · · · · · · · · · · · · · · · · · · · · · · · · ·

# 평온한 환경과 집중력

몬테소리 교육에서는 아이의 발달 단계에 따라 적절한 환경을 조성해주는 것이 매우 중요한 일입니다.

상식적으로 생각해 봅시다. 인간은 주변 환경과 소통하면서 살아가야만 합니다. 이런 환경 조성하기는 가정에서는 부모에게, 학교에서는 교사들에게 매우 중요합니다.

잘 정돈된 환경 안에서는 아이가 스트레스 없이 평온한 상태로 자랄 수 있습니다. 아이가 평온함을 느끼는 것은 아이의 자신감을 키우는 데 필수적입니다. 아기가 태어난 후 일주일간은 아이가 집중할 수 있는 기회를 만들어주는 방식으로 환경을 조성해야 합니다.

아이의 자아가 만들어지는 데는 양육자의 관심과 지지, 아이의 의지가 중심이 됩니다. 아이가 태어나면서부터 집중력 발달에 힘을 쏟아야 합니다. 집중을 잘하는 아이들은 주어진 환경에 대한 지식이 많고, 자신감이 발달하며 학습을 쉽게 생각하여 편안한 삶을 누릴 수 있습니다.

아기의 능력을 최대한 발휘할 수 있는 환경을 만들어주어야 하지만 너무 한 곳에만 집중하게 하거나 수준에 맞지 않는 것을 강요하며 시켜서는 안 됩니다.

# 순서의 중요성

마리아 몬테소리는 만 0세에서 6세 사이의 아이들이 '민감기'를 겪는다는 것을 발견했습니다. 아이들은 시기별로 어떤 한 가지에 집착하며, 이 민감기에는 습득이 빠르고 오래갑니다.

만약 아이가 어떤 민감기를 겪고 있을 때, 어른이 아이가 필요로 하는 것을 알아가는데 도움을 준다면 아이가 어른이 될 때까지 자신감을 잃지 않습니다.

아이가 겪는 민감기 중에는 질서에 대한 민감기도 있습니다. 이때는 질서를 중점적으로 가르쳐 주어야 아이의 자신감이 발달하며 견고해집니다. 예를 들어 어린 아기들은 매번 똑같은 장소에서 잠을 재워야 합니다. 왜냐하면 아이는 익숙한 환경에서 안심하기 때문입니다.

반면 아기가 요람이나 부모의 침대, 바닥 등 여러 군데에서 잠을 잔다면, 아기는 짜증을 낼 것입니다. 갈피를 못 잡았기 때문입니다.

질서는 하루 종일 여러 가지 활동을 하는 아이의 일상, 즉 습관을 말하기도 합니다. 아이는 말로 해서는 알아들을 수 없지만 놀이를 통해서는 잘 습득할 수 있습니다.

이러한 습관은 모든 활동, 즉 씻기, 화장실 가기, 식사하기, 바깥에 나가기, 혼자 놀기, 같이 놀기, 음악 듣기, 동화책 읽기, 잠자기 등 온종일 하는 모든 활동과 관련되어 있습니다.

아이들은 습관에 자연스럽게 배어들어야 합니다. 아이는 낮잠 시간 이후에 조용히 음악을 듣는 시간을 가지고, 이후에는 저녁을 먹고, 다음에는 부모님이 동화책을 읽어준다는 것을 알고 이 순서대로 하루가 지나가면 안심하게 됩니다.

하루 일상의 순서를 알게 되면, 다음 순서를 기억하게 되어 불안하지 않은 평온한 상태가 됩니다.

# 생활 공간으로서의 환경

아이의 방에는 잠을 자는 공간이 있어야 하고, 놀이를 하는 공간도 따로 있어야 합니다. 젖을 먹는 공간과 기저귀를 가는 공간도 지정되어 있어야 합니다. 또한 아이는 이러한 공간에 익숙해져야 하고, 가능하면 선으로 나누어 놓으면 좋습니다. 아이는 자기에게 주어진 환경을 잘 알아 안심을 하게 되고 이것은 자신감 발달에 큰 도움이 됩니다.

또한 어떤 순간도 아이의 안전에 소홀해서는 안 됩니다. 아이가 움직이기 시작하면 아이가 지내는 장소에 더욱 각별한 주의를 해야 합니다. 어떤 위험이나 위험 가능성이 있어서는 안 됩니다. 아이의 눈높이에서 집을 다시 살펴보고 위험 요소가 없는지 확인할 필요가 있습니다. 아주 작은 사고도 아이의 자신감과 어른의 책임감을 무너뜨릴 수 있다는 것을 기억해야 합니다.

# 놀이 공간

이 공간은 어른이 신경 써서 만들어주어야 합니다.

아이의 키 높이에 맞는 선반이 필요합니다. 선반에는 발달 종류별로 마련된 놀잇감이 담긴 바구니나 우드트레이가 잘 정돈되어 있어야 합니다. 아이에게 보여줄 모든 장난감들은 아이가 꺼낼 수 있는 위치에 놓아둡니다.

장난감들은 너무 많아도 안 되고, 같은 장소에 같은 방식으로 정돈되어 있어야 합니다. 아이가 필요할 경우에 찾기 쉽게 하기 위해서입니다.

아기가 자라면 어른은 이 놀이 공간을 아이의 발달 수준에 맞게 새로운 활동을 할 수 있도록 조금씩 변화를 줍니다. 그러므로 어른은 아이의 발달 과정을 깊이 있게 관찰해야 합니다. 일반적인 영유아 발달의 원동력은 물론 아이의 손발이 무엇을 원하는지, 감각이 제대로 발달하고 있는지 관찰하면서 아이가 원하는 것에 응답해 줄 필요가 있습니다.

아이의 인지능력 발달을 위한 놀이들은 잘 정돈되어 있어야 하고, 아이의 발달 단계에 맞춤형으로 준비되어 있어야 합니다. 그러면 아이는 자기 스스로와 양육자에 대한 신뢰감이 커집니다.

실제로 아이는 자기가 무엇을 필요로 할 때마다 적시적소에 어른이 도움을 준다는 것을 알게 됩니다. 아이는 어른이 준비해준 여러 가지 놀이들을 통해 운동성과 집중력, 감각능력, 환경에 대한 이해 등 각각의 능력이 쌓여가는 것을 알게 되고 자기 능력에 대한 믿음과 스스로에 대한 믿음이 커지게 됩니다.

아이에게 너무 어려운 놀이를 하게 해서는 안 됩니다. 왜냐하면 아이가 큰 혼란을 겪으면서, 배우고자 하는 의지와 자신감을 잃게 되기 때문입니다.

놀이 공간에서 아이들에게 준비해주어야 할 장난감들은 다음과 같습니다.

## ⋮ 딸랑이

아기가 태어난지 2~3개월이 되면, 집에서는 부모가, 어린이집에서는 보육 교사들이 딸랑이 몇 개가 들어 있는 바구니를 준비합니다.

먼저 갓난아기도 잡을 수 있도록 아주 가벼운 것으로 준비합니다. 처음으로 사용하는 딸랑이는 나무 손잡이에 작은 종이 달려 있는 것이 좋습니다.

신생아 때는 흑백을 구분할 수 있으므로 걸 수 있는 종류로 흑백의 딸랑이를 준비하는 것도 좋습니다. 나무로 된 딸랑이도 여러 종류가 있는데 튼튼해야 하고, 아이가 만질 때에 작고 은은한 소리가 나는 것이 알맞습니다.

아이의 운동성이 발달할수록 딸랑이의 종류도 다양하게 보여줄 수 있습니다. 이때 가장 중요한 것은 소재와 아름다움입니다. 질감이 다른 여러 가지 딸랑이를 준비해주되, 항상 소재는 나무나 천(양털) 또는 금속 등 고급으로 준비합니다.

아이의 발달 속도에 맞게 재능을 발달시키는 것 또한 아이의 자신감 성장에 도움이 됩니다.

몬테소리 교육에서는 은으로 된 딸랑이도 중요합니다. 이유는 아래와 같습니다.

- 금속은 아기들이 많이 접해보지 못한 소재이기 때문에 나무나 천에 익숙한 아이들에게는 새로운 촉감과 온도를 경험해 보는 좋은 기회가 됩니다.
- 아기에게 이가 나면서 잇몸이 아플 때 금속 딸랑이의 차가운 성질이 진정하는 데 도움이 됩니다.
- 아기들마다 딸랑이를 잘 가지고 놀 수 있는 방법이 다르기 때문에 아기에게 맞는 방식으로 잡게 하면 됩니다.
- 딸랑이가 바닥에 있으면 굴려볼 수도 있고, 아기를 딸랑이가 있는 곳으로 찾아가게 할 수도 있습니다.
- 아기가 딸랑이를 흔들면 소리가 나야 합니다. 이는 아기가 어떤

행동을 했을 때 원인과 결과에 대한 개념을 배울 수 있고, 효과에 대한 인지를 하게 되어 아이의 자신감을 키웁니다.

아이가 물건을 한 손에서 다른 손으로 옮기는 것을 배우게 하려면 두 개의 나무 원판이 연결된 형태의 것으로 줍니다. 한 손에서 다른 손으로 무엇을 옮기는 능력은 다른 놀이를 하는 데에도 아주 중요한 능력입니다.

## : 넣기 상자

아이가 손을 더 잘 사용할 수 있고, 앉을 수 있게 되면 넣기 상자를 준비해줍니다. 이 상자는 몬테소리 교육에서 매우 중요합니다.

실제로 '대상 영속성'을 배우게 합니다. 사물의 영속성이란 사물이나 사람이 눈에 보이지 않더라도 계속해서 존재하는 사실을 말합니다. 이 개념은 아이의 스트레스를 줄이고, 스스로에 대한 믿음을 키우는데 매우 중요합니다. 만약 엄마와 아빠가 눈에 안 보인다고 없어진 줄 안다면 아이에게는 심각한 공포일 것입니다. 사물이나 사람이 보이지 않아도 완전히 사라지는 것이 아니라는 개념을 알게 되는 날부터 아이는 안심하여 평안한 삶을 누릴 수 있습니다.

대상 영속성을 실감하면 아이의 어휘력 발달에도 도움이 됩니다. 눈에 보이거나 보이지 않는 사물의 이름을 말하게 되고, 또한 이름은 눈에 보일 때나 보이지 않을 때나 똑같이 사용된다는 것을 알게 되기 때문입니다. 주변에 있는 모든 사물의 이름을 익히는 것에 힘을 돋우게 됩니다.

이 상자는 일련의 세트가 있는데, 아이의 발달 속도에 맞추어 수준에 맞도록 준비해줍니다.

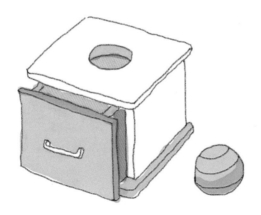

## : 공

다른 바구니에는 소재가 다른 공을 여러 개 준비합니다. 이는 크기나 소재, 손에 잡히는 모양 등 각각 다른 성질을 통해 아이의 감각 발달에 도움이 됩니다. 아이들은 공이 있는 곳으로 가서 잡으려고 하는 특징이 있기 때문에, 이것은 아이의 몸을 움직이게 하기에 아주 좋습니다.

## : 책

아이의 눈높이에 맞게 책을 준비하는 것도 필수입니다. 처음에는 흑백으로 준비하고, 나중에는 색이 있는 것으로 준비합니다. 책은 아이가 표지를 잘 볼 수 있도록 정리되어 있어야 합니다.

한꺼번에 너무 많은 책을 준비하거나 너무 자주 바꾸는 것은 좋지 않습니다. 아이가 관심을 갖는 것, 생일이나 크리스마스 등 행사 또는 계절에 맞는 책 등 맞춤형으로 준비해주는 것이 좋습니다.

## : 퍼즐

퍼즐은 초반에는 아주 단순한 것으로 시작해서 점점 복잡한 것으로 이어갑니다. 퍼즐은 아이의 시각 발달에 도움이 되고 손잡이가 달린 퍼즐을 사용할 경우 운동성 발달에 도움이 됩니다. 몬테소리 교육에서는 이뿐만 아니라 도형 모양의 퍼즐을 사용할 때 어휘력도 발달합니다.

## : 다른 장난감들

모든 장난감들은 바구니나 종류별로 구분할 수 있는 상자에 담겨 선반에 잘 정리되어 있어야 합니다. 여러 가지 장난감을 한꺼번에 아이에게 주어서는 안 됩니다. 다만 아이의 관심사에 따라서 돌려가며 주어야 합니다. 너무 많은 선택은 아이의 안정감이나 자신감 발달에 방해가 됩니다.

아이가 크면 한 공간은 농장 테마로, 한 공간은 차고로, 또 다른 공간은 인형의 집으로, 성과 성곽 등으로 각각 다른 테마별 공간을 나누어야 합니다. 아이가 놀 때는 테마별로 각각 다른 매트에 장난감을 나누어 올려 두고 평소에는 각 테마별 바구니에 넣어 보관해야 합니다.

이 모든 장난감을 활용한 놀이는 특정 공간, 즉 아이의 방이나 어린이집의 경우라면 특정 놀이 공간에서 이루어져야 합니다.

또한 우리는 음악에 관한 장난감 바구니를 준비할 수도 있습니다. 아이는 마라카스나 달걀악기, 작은 탬버린이나 실로폰 등을 그 바구니에 담을 수 있습니다. 아이에게 음악 놀이 장난감을 가지고 온 집안을 다니면서 놀아서는 안 되고, 지정된 장소에서만 놀아야 한다는 것을 알려주어야 합니다.

아이가 자라면 테마별로 장난감을 모아둔 상자에 내용물을 적은 스티커를 붙여 둘 수 있습니다. 이렇게 잘 전시해두면 아이가 장난감 선택을 스스로 할 수 있어서 좋습니다.

큰 보관 상자에 모든 종류의 장난감을 집어넣는 식의 정리는 절대 하지 마시기 바랍니다.

때가 되면 아이가 제자리에 앉아서 놀 수 있도록 작은 책상과 의자를 준비하는 것도 고려해 두시기 바랍니다.

## 거실

거실은 아이가 놀이를 할 수 있고 안전하게 이동할 수 있는 공간으로 정돈해 두어야 합니다. 아이의 키 높이에 맞는 선반을 준비하고, 한쪽에 양탄자나 매트를 깔고 바구니를 두어 장난감을 가지고 놀거나 책을 볼 수 있는 공간으로 지정해 줍니다. 책을 보는 공간에는 바구니 안에 몇 개의 책을 넣고, 작은 유아용 소파를 놓아줄 수도 있습니다.

## 주방과 욕실

이 부분은 자신감에 대해서 다룬 부분에서 다시 확인할 수 있습니다. (1부 참고)

## 학교(어린이집, 유치원)

학교에서도 모든 것이 정돈되어 있어야 합니다. 몬테소리 교육 기관에서는 여러 공간으로 나누어 정돈합니다.

• 일상생활 공간

- 감각 발달 공간
- 수학 능력 발달 공간
- 언어 능력 발달 공간
- 교양 발달 공간

각각의 공간은 완벽하게 경계 설정이 되어 있어야 하고, 교육도구는 잘 정돈되어 있어야 합니다.

학기가 개강하기 전에 교실을 잘 정돈해 두는 것이 좋습니다. 학기가 시작되고 나면 공간 배치를 바꾸는 것이 쉽지 않기 때문입니다. 아이들은 정해 놓은 경계를 알고, 어느 장소에 어떤 교육도구가 있는지 알게 되는데 이는 잘 준비된 공간에서 더 발달하게 됩니다.

선반에는 교육도구들을 쉬운 것부터 어려운 순서로, 왼쪽에서 오른쪽으로, 위에서 아래로 준비해 둡니다. 또한 선반은 아이들의 눈높이에 맞게 준비되어야 합니다.

이렇게 하면 아이들은 한 가지 놀이를 다 해내고 난 뒤 무의식적으로 오른쪽이나 눈높이에 두었던 것을 해 보려고 합니다. 또한 안정되고 자유로운 형태의 학습을 할 수 있으며, 스스로에 대한 자신감도 커지게 합니다.

# 분류하기

분류하기는 어떤 명확한 기준을 가지고 비슷한 성질을 가진 사물들끼리 모아 정리하는 놀이를 말합니다.

아이들이 질서에 대한 민감기를 겪을 때 주변의 물건들을 분류하는 것을 좋아하며, 이런 활동은 아이들에게 정돈된 사고를 할 수 있는 능력을 키워줍니다. 정돈된 사고는 정돈된 삶을 만들어줍니다.

아이가 어릴 때, 약 만 2세부터는 여러 가지 분류 놀잇감을 선반에 놓고, 놀이를 제안해 볼 수 있습니다. 처음에는 한 가지 기준만을 가지고 분류를 해 보는 것이 좋습니다. 만약 색깔을 가지고 분류 놀이를 해 본다면 색깔은 다르되 모양은 같아야 합니다. 모양을 가지고 분류를 할 때는 모양만 다르고 색깔은 같아야 합니다.

마리아 몬테소리는 아이들에게 놀이를 통해 과제를 줄 때는 한 번에 딱 한 가지의 어려움만 겪게 해야 한다고 했습니다. 이는 아이가 실패를 하지 않도록 해주는데 필수적이며 아이 스스로 논리를 구축할 수 있도록 합니다. 논리는 자신감 발달에 필수적인 능력이며 아이가 스스로 문제 해결 능력을 키울 수 있게 도와줍니다.

이러한 분류는 관찰력과 집중력, 시각 발달에 도움이 됩니다. 모든 이런 능력들은 자신감 발달에 중요한 요소입니다. 이러한 종류의 활동은 모든 나이의 아이들에게 적용할 수 있습니다. 아이들이 연령이 높아지면 좀 더 복잡한 분류 기준을 주면 됩니다.

# ☆ 단추 분류하기

## 준비물

◆ 우드트레이에 아래의 준비물들을 담습니다.

◆ 단추를 담을 그릇

◆ 모양이나 장식이 똑같고 색깔만 다른 단추 각각 5개(노란색, 빨간색, 파란색)

◆ 노란색, 빨간색, 파란색 종지

## 방법

① 아이를 불러 단추 분류 놀이를 같이 하자고 합니다.

② 준비물이 담긴 우드트레이를 탁자 위에 올립니다.

③ 종지들을 일렬로 정렬합니다.

④ 어른이 단추 한 개를 세 손가락을 모아 잡습니다. 단추의 색깔과 똑같은 종지에 단추를 넣습니다.

⑤ 다른 단추 하나를 집어 같은 색의 종지에 넣습니다.

⑥ 이번에는 아이가 같은 방식으로 해 보도록 합니다.

⑦ 모든 단추들이 종지에 들어가면 그릇은 비게 됩니다. 이것을 말로 해주지 않아도 그릇이 비면 놀이가 끝났다는 것을 아이가 아는 것이 중요합니다.

⑧ 정돈되어 있던 우드트레이의 처음 상태처럼 다시 정리하기 위해 종지들을 그릇 안에 넣습니다.

⑨ 아이가 이 놀이를 원할 때 언제든지 할 수 있다고 말해줍니다.

주의할 점으로 분류 놀이를 할 때에는 놀잇감을 각각 같은 숫자로 준비해야 합니다. 실수 관리를 할 수 있기 때문입니다.

 더 알아보기

- 만약 색깔이 있는 종지가 없다면 흰색의 종지 안쪽 바닥에 색깔 스티커를 붙여서 사용할 수 있습니다.
- 만약 색깔 스티커도 없다면 흰 종지에 각 색깔별 단추 하나씩을 종지 안쪽 바닥에 붙입니다.
- 색깔은 같고 모양만 다른 단추들을 준비해서 분류 놀이를 해 볼 수도 있습니다. 이 경우 흰 종지에 각각 다른 모양의 단추를 종지 안쪽에 붙입니다.

분류 놀이 우드트레이는 계절별로 변화를 줄 수 있습니다.

- 봄 : 모양은 같지만 색깔은 다른 꽃 분류하기, 부활절 달걀 분류하기 등
- 여름 : 조개껍질 분류하기

- 가을 : 도토리, 밤 분류하기
- 겨울 : 각각 다른 크기의 눈 결정체 모형 분류하기, 크리스마스 트리 장식품 분류하기

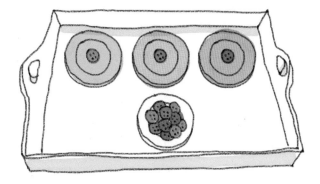

# ☆ 과일과 채소 분류하기

**준비물**

◆ 아기들과 할 때에는 과일과 채소 모형으로 합니다.

◆ 우드트레이 위에 큰 샐러드 볼을 놓고, 그 안에 6개의 과일과 6개의 채소
를 담습니다.

◆ 2개의 작은 그릇

**방법**

① 아이에게 과일과 채소 분류하기 놀이를 하자고 부릅니다.

② 준비물이 담긴 우드트레이를 탁자 위에 올립니다.

③ 샐러드 볼을 탁자의 가장 위쪽에 놓습니다.

④ 그 밑에 두 개의 그릇을 놓습니다.

⑤ 아이에게 샐러드 볼 안에 들어 있는 것들이 무엇인지 아느냐고
물어봅니다. (먼저 채소와 과일의 차이를 설명해 줍니다.)

⑥ "이제는 한 곳의 그릇 안에는 채소를 넣고, 다른 그릇 안에는 과
일을 넣을거야"라고 말합니다.

⑦ 과일이나 채소 중 하나를 골라 이름을 말해줍니다. 예를 들어
"이것은 바나나야, 바나나는 과일이니까 이 그릇 안에 넣자"라고
합니다.

⑧ 다른 것을 골라서 똑같은 방식으로 알려줍니다. "이것은 당근이야, 당근은 채소니까 다른 그릇 안에 넣자"라고 합니다.

⑨ 아이가 혼자서 해 보도록 합니다.

⑩ 맨 마지막에는 각각의 그릇에 같은 숫자, 즉 6개씩 들어가 있어야 합니다. 각각의 그릇에는 '채소', '과일'이라고 쓴 스티커를 붙여둘 수도 있습니다. 이렇게 하면 아이 스스로 정답을 확인하고 실수 관리를 할 수 있기 때문입니다.

⑪ 모든 채소와 과일을 다시 샐러드 볼에 담습니다.

⑫ 아이가 원한다면 계속할 수 있다고 말해줍니다.

# ☆ 그림 분류하기

## 준비물

- ◆ 바구니 또는 상자 1개
- ◆ 과일 그림 6개
- ◆ 채소 그림 6개
- ◆ 글씨를 읽을 줄 알 경우 '채소'라고 적혀 있는 카드를 준비하고, 글씨를 모를 경우 색깔 스티커를 준비해 채소 그림 6개 뒤에 붙입니다.
- ◆ 글씨를 읽을 줄 모를 경우 '과일'이라고 적혀 있는 카드를 준비하고, 글씨를 모를 경우 다른 색깔 스티커를 준비해 과일 그림 6개 뒤에 붙입니다.

## 방법

같은 방식으로 그림을 가지고 분류 놀이를 할 수 있습니다. 그림 뒷면에는 색깔 스티커를 붙여서 정답 확인 및 실수 관리를 할 수 있게 합니다.

① 아이에게 그림 분류하기 놀이를 해 보자고 합니다.

② 바구니나 상자를 가지고 와서 탁자나 매트 위에 놓습니다.

③ 과일이라고 적혀 있는 카드를 잡습니다.

④ 아이에게 "여기에 과일이라고 적혀 있어. 이것을 맨 위에 놓고, 그 밑으로 과일에 대한 모든 그림을 한 줄로 놓자"라고 합니다.

⑤ 채소라고 적혀 있는 카드를 잡습니다.

⑥ 아이에게 "여기에 채소라고 적혀 있어. 이것을 맨 위에 놓고, 그 밑으로 채소에 대한 모든 그림을 한 줄로 놓자"라고 합니다.

⑦ 그림을 하나 골라서 아이에게 이것이 무엇인지 질문하고, 이것이 채소인지 과일인지 물어봅니다.

⑧ 아이의 대답에 따라 각각의 카드 밑에 놓습니다.

⑨ 모든 그림을 아이의 대답에 따라 놓았으면, 이미지를 뒤집어 보고 정답을 확인해 실수 관리를 합니다.


이 분류 놀이는 다음과 같이 여러 가지로 응용할 수 있습니다.


• 가축과 야생 동물
• 농장에 사는 동물과 열대 사막에 사는 동물
• 파충류와 양서류
• 암컷과 수컷
• 어류와 포유류 등

우리는 아이들에게 배운다.
자유와 규율은 항상 같이 한다.
이 둘은 한 가지 물체의 양면과 같다.
규율이 제대로 잡혀 있지 않으면 완전한 자유를 누릴 수 없다.

– 마리아 몬테소리

**4부**

# 자녀 교육의 핵심은 부모님

# 어른은 아이의 거울

아이들은 자기의 주변에서 일어나는 일들을 관찰하면서 배웁니다. 그래서 교육자는 아이의 모델이고, 아이들은 교육자의 모습을 보며 닮아갑니다. 우리 모두가 자아를 설계할 때 모델이 필요한 것처럼 말입니다.

다른 개체의 특정 움직임을 관찰할 때 활동하는 신경 세포인 '거울 신경 세포'의 발견은 어른이 아이의 모델이 된다는 개념을 더욱 강하게 뒷받침합니다.

어른은 아이들의 환경의 한 구성 요소가 되며, 또한 성격, 감정 표현, 소통 방법 등 아이에게 바른 태도를 가르쳐 주어야 합니다.

정돈된 삶을 살아가는 어른들은 아이들의 생각이나 행동 방식에 대한 본보기이며 규칙이 됩니다. 요컨대 정신적으로 안정된 어른들은 아이들도 이를 알아볼 수 있으며, 그러한 점에 적응합니다.

마리아 몬테소리는 어른의 역할이 아이들에게 이 세상을 점진적으로 소개해주는 것이라고 했으며, 이를 위해서는 아래와 같은 규칙이 필요합니다.

## 준비된 어른과 환경

3부에서 밝힌 것과 같이 어른이 환경을 만들어줄 때는 일관성이 아주 중요합니다. 아이들은 습관이 변하면 알아차릴 능력이 없고, 왜 바뀌었는지도 이해를 하지 못하며, 이러한 갑작스러운 변화는 아이에게 스트레스가 됩니다.

그러므로 어른이 만들어줄 일상과 습관은 아이에게 아주 중요합니다. 특히 신생아 때부터 만 3세의 시기에 바른 습관이 형성됩니다. 아이는 잘 준비된 환경에서 편안함을 느끼고 안정되며, 조화로운 일상을 누릴 수 있습니다.

## 책임이 있는 자유

몬테소리 교육에서 진행되는 놀이의 기본 철학은 아이를 위해 어른이 준비해 놓은 환경 안에서 놀이를 할 수 있다는 것입니다. 이것은 아이의 자신감 발달에 중요한 핵심 요소입니다.

어른은 항상 교육도구들을 준비할 때, 실수 관리를 염두에 두어야 하며 준비물을 고를 때는 매우 세심하게 아이의 나이에 맞게 준비해야 합니다.

또한 아이가 여러 가지의 감각 학습 경험을 할 수 있는 환경을 만들어주어야 합니다. 몬테소리 교육의 수업에서는 교육도구들이 아이들의 감각 탐색을 돕도록 준비되어 있습니다.

이러한 교육도구들로 인해 감각이 다듬어지고 이는 아이가 자기에게 주어진 환경 안에서 작은 디테일까지 탐험하면서 이해력이 높아지고, 환경 안에서 자기의 위치를 찾으며, 자신감을 가질 수 있게 합니다. 그러므로 어른은 아이가 탐험하는 것을 도와야 하고, 특히나 이것을 방해받지 않도록 해주어야 합니다.

어른은 도구를 준비할 경우에 아주 신경 써서 해야 합니다. 예를 들자면 일상생활 놀이를 할 때에는 아기 때부터 감각을 발달시키기 위해서 교육도구들을 항상 미적으로 아름답고 보기 좋은 모양으로 준비하는 것이 좋습니다.

준비물을 보여주기 전에 어른은 놀이를 미리 해 보면서 매끄럽게 진행될 수 있도록 준비합니다. 예를 들어, 숟가락으로 곡식 옮기기를 할 때는 곡식 낱알이 숟가락으로 뜨는데 적당한지 미리 확인합니다. 집기 놀이를 할 때는 아이의 작은 손으로도 집을 수 있는지 미리 생각해보고 준비해야 합니다.

# ☆ 집기 놀이

## 준비물

◆ 우드트레이
◆ 그릇에 강낭콩 같이 낱알이 큰 곡물이나 렌틸콩 같이 작은 곡물을 담습니다. 곡물의 크기는 아이의 손동작 발달 수준에 맞게 고릅니다.
◆ 같은 크기의 빈 그릇

## 방법

① 아이에게 곡식 집기 놀이를 같이 하자고 합니다.
② 선반에서 우드트레이를 가져와 탁자 위에 올립니다.
③ 곡물을 왼쪽에 놓습니다. 이는 글을 읽고 쓰는 순서를 익히기 위해 왼쪽에서 오른쪽으로 이동하는 것입니다.
④ 집게손가락, 엄지손가락, 가운뎃손가락을 모아 집는 모습을 보여줍니다.
⑤ 곡물 하나를 집어 빈 그릇으로 조심스럽게 옮깁니다.
⑥ 모든 곡물이 다 옮겨질 때까지 계속합니다.
⑦ 도중에 아이가 혼자서 해 보도록 합니다.
⑧ 모든 준비물을 정돈하거나, 놀이를 반대 방향으로 한 번 더 해서 준비물들을 처음 상태로 돌려놓습니다.

# 놀이를 대하는 마음가짐

모든 놀이는 잘 고안되고 구성되어야 합니다. 또한 논리와 조직적인 사고방식, 인과관계를 가르치기 위해 항상 같은 방식으로 아이에게 보여주어야 합니다.

준비물은 작고 가벼워서 아이가 가지고 놀 수 있어야 합니다. 어른이 놀이의 세부적인 부분까지 우드트레이에 구성하여서 해 보도록 하면 아이는 놀이를 여러 번 할 수 있게 되고, 자신만의 놀이로 발전시킬 수 있습니다.

아이가 아직 어릴 때는 한 가지 놀이를 알려주고 몇 주 동안 반복해서 적응하도록 합니다. 만약 아이가 제대로 하지 못하면 다른 놀이로 바꾸어 줍니다.

놀이의 난이도는 아이의 성장과 발달 속도에 맞춰 점진적으로 조절해야 합니다.

어른은 놀이 시연을 할 때 아주 신중하게 해야 하는데, 이는 아이가 놀이를 올바르지 못한 방식으로 하는 것을 방지하기 위해서입니다. 시연은 아주 천천히 체계적으로 해야 합니다. 단계마다 짧은 휴식을 취합니다. 아이는 어른을 따라하고 싶지만 아직 완전히 준비되지는 않았습니다. 습관과 반복을 통해 익히게 됩니다. 그래서 놀이를 시연할 때는 항상 같은 방법과 순서대로 해서 아이가 기억하게 합니다. 시연이 끝나면 이제는 아이의 차례로 아이가 직접 해 보도록 합니다. 아이가 놀이를 할 때는 제대로 하는지 지켜보고 실패할 때는 도와주어야 합니다.

아이들은 결과뿐만 아니라 과정에도 관심이 많다는 것을 기억하시기 바랍니다. 만약 아이가 자신의 수준에 비해 어려운 놀이라서 못하고 있다면 아이가 눈치채지 못하게 놀잇감을 치우면서 다음에 해 보자고 합니다. 이 과정에서 아이가 상처받지 않도록 주의합니다. 이때 실패에 대해 마음이 상하면 아이의 자신감에 큰 상처를 입힐 수 있습니다.

어른은 아이에게 놀이를 여러 번 보여줄 수 있는 준비가 되어 있어야 합니다. 또한 참을성이 많이 필요합니다. 아이에게 강요하지 않아야 하고, 아이가 필요한 것이 무엇인지 알고 도우며, 아이가 잘 해낼 때까지 천천히 기다려야 합니다.

아이들과 하는 놀이의 기본 개념은 가끔씩 나이가 성공의 열쇠일 수 있습니다. 다시 말해 조급함이나 무기력한 모습을 보여주어서는 안 됩니다. 놀이를 할 때에 어른은 항상 행복하고 열정적으로 임해야 합니다.

여러분이 아이들과 놀이를 할 때 에너지의 100퍼센트를 아이와 함께 해야 하고, 다른 것을 동시에 하면서 놀이를 하면 안 됩니다. 말을 너무 많이 해서도 안 되고, 아이가 놀이를 하는 도중에 과한 칭찬을 하는 것도 자제해야 합니다. 아이들은 집중력이 아직 약하기 때문에 어른의 이러한 간섭이 있은 후에는 다음 단계로 나아가기가 어렵습니다. 심지어 과한 격려도 방해가 될 수 있습니다. 놀이에 집중하다가 어른에게로 집중의 대상이 바뀌기 때문입니다.

아이들은 피곤하거나 더 이상 집중이 안 되어 하기 싫어져도 언어로 정확히 표현할 줄 모르기 때문에 어른이 아이의 행동을 유심히 살펴서, 이런 상황에서 아이가 하는 신호들을 읽고 놀이를 그만두도록 유도해주어야 합니다.

# 항상 주의해야 할 것

## 들어주기

아이를 돌보는 어른의 행동은 아주 중요합니다. 어른은 각각의 아이들에게 웃어주어야 하고 격려하는 말투로 말해야 합니다.

교실에서는 교사가 아이 하나하나를 주의 깊게 살펴야 하고 잘못하거나 놀이를 하고 싶지 않아 하는 아이들을 찾아내어 조심히 다가가 그런 아이들에 맞는 다른 놀이를 제안하거나, 놀이도구를 어떻게 사용하는지 보여줍니다.

각각의 아이별로 어른의 도움이 필요한 부분을 살펴보아 어디까지 발전하고 있는지 알아야 합니다. 아이의 선천적인 재능을 발달시키기 위해서는 교육자가 되도록 놀이에 간섭하지 말아야 합니다. 아이가 친구를 놀리거나 놀림을 당하는 일은 절대 없어야 하고, 교육자는 이를 잘 지켜봐야 합니다.

어른도 심판처럼 행동해서는 안 됩니다. 또한 어른은 각각의 아이들은 다르며 아이의 형제나 자매, 친구들과 비교해서는 절대 안 된다는 것을 알고 있어야 합니다.

각각의 아이는 각자만의 발달 방식이 있고, 다른 아이들과 비슷하게 발달할 수도 있고 그렇지 않을 수도 있습니다. 예를 들어 한 아기는 자기의 모든 에너지를 발달에 다 쏟을 수도 있고, 다른 아기는 관찰을 하는데 모든 것을 쏟아 집중하기도 합니다. 이런 아이들마다의 차이점을 존중해야 하고 아이 그대로의 모습을 기쁨으로 받아들여야 합니다.

각자 아이의 발달 특성에 맞지 않는 교육을 주입하면 아이는 자신의 능력에 대한 믿음을 잃게 됩니다. 그러므로 어른은 아이들에 대한 선입견 없이 바라봐 주는 관찰자가 되어야 합니다. 어른이 보고 싶은 아이의 형상대로 아이를 끼워 맞추려고 해서는 안 됩니다. 마리아 몬테소리는 아이의 이야기를 완전히 듣고 관찰하기 위해서는 아이에 대한 선입견이 있어서는 안 된다고 했습니다.

아이들에 대한 어른의 기본 역할은 아이의 발달에 따른 환경을 준비해줄 수 있는 좋은 관찰자가 되는 것입니다.

이것을 돕기 위해 아이의 발달표를 만들어 사용할 수 있습니다.

| 몬테소리 발달표(예시) | | | | |
|---|---|---|---|---|
| 일상생활 영역 놀이 | 1차 시행 일자 | 습득 여부 | 2차 시행 일자 | 세부 사항 |
| 1. 인사하기 | | | | |
| 2. 사물을 다른 사람에게 건네주기 | | | | |
| 3. 할 수 없다고 말할 줄 알기 | | | | |
| 4. 도움 요청할 줄 알기 | | | | |
| 5. 놀이매트 위에 사람들이 있을 때는 비켜 지나가기 | | | | |
| 6. 자기 의자 들기 | | | | |
| 7. 탁자 들기 | | | | |
| 8. 의자를 책상 밑으로 넣어 정리하기 | | | | |
| 9. 작은 칠판이나 정리함 들기 | | | | |
| 10. 먼지 털기 | | | | |

## 권위

모든 체벌은 몬테소리 교육은 물론 어떤 자신감 발달 교육에서도 금지되어 있습니다. 마리아 몬테소리는 아이들의 내면에도 품위에 대한 감각이 있다고 했습니다. 만약 어른이 이를 눈치채지 못한다면 아이는 마음에 상처를 입게 됩니다. 아이의 품위를 지켜주는 것은 교육의 기본 개념 중 하나가 되어야 합니다.

어른은 아이가 발달할 수 있는 범위에서 벗어나서는 안 되는 한계를 정해 틀을 만들어주어야 합니다. 이 틀은 모든 면에서 사용되어야 하고, 아이가 이를 완전히 인지하고 스스로 행동을 제어할 수 있어야 합니다.

아이가 스스로 이 틀을 몸에 익히는 것은 오래 걸립니다. 그러므로 부모들은 아이에 대한 믿음이나 확고함을 잃지 않도록 주의해야 합니다. '안 돼'라고 했던 것은 항상 '안 돼'입니다. '안 돼'라고 한 다음에 한 번 더 물어보면 '돼'라고 허락한다거나 아이가 소리지르고, 때리고 화내고, 물건을 깨트리고 떼를 쓰고 나면 아이가 원하는 것을 주는 식의 처방을 해주어서는 안 됩니다.

어른은 아이에게 주어지는 틀을 잘 생각하고 계획해야 합니다. 우리는 때때로 아이에게 '안 돼'라고 자주 말해야 하는 시기가 있습니다. '만지면 안 돼, 그것을 가지면 안 돼, 그렇게 하지마' 같이 '안 돼'를 멈추지 않고 이야기해야 하는 시기 말입니다. 이는 환경이 제대로 갖추어지지 않아서입니다.

어른이 아주 세심하게 고민하고 정해준 틀 안에서 아이는 자기 행동에 대해 신중하고 지혜롭게 생각을 하게 되고, 이는 자신감 발달에 도움이 됩니다.

## 자신감

어른은 아이를 완전히 믿고 있어야 합니다. 아이는 확신과 망설임을 스펀지처럼 흡수하기 때문입니다. 만약 환경이 완전히 훌륭하게 준비되어 있으면 아이는 자유롭게 자아를 설립해 나갈 것입니다.

마리아 몬테소리는 '어른의 진정한 교육은 아이의 모든 가능성을 외부로 분출할 수 있도록 구성되어야 하고, 자발적이든 강제적이든 아이의 지식이 후퇴하지 않게 해야 한다'라고 했습니다.

어른은 아이의 선각자가 되어야지, 아이를 숨막히게 하는 사람이 되어서는 안 됩니다.

아이의 자신감을 기르고자 하는 양육자는 아래의 규칙을 잘 지켜 관찰해야 합니다.

- 청결, 질서, 명료성 등 주변 환경을 세심하게 살펴보기
- 아이를 주변 환경과 접촉시켜 보고 또 차단해 보기
- 아이를 잘 관찰해서 아이가 필요로 하는 것을 충족시켜 주기
- 아이의 말을 잘 들어주고 빠르게 답해주기
- 아이가 놀이를 할 때는 존중하고 끼어들지 않기
- 교실과 가정 내에서는 조용하고, 부드럽고, 사랑스러운 분위기 만들어주기

- 아이가 답을 찾기를 원하는 것은 보여주고, 이미 찾은 것은 치워주기

## 스트레스 피하기

어른은 아이가 가질 수 있는 스트레스의 요인들을 모두 제거하는데 노력해야 합니다. 악성 스트레스는 자신감 발달을 저해하기 때문입니다.

신생아 때부터 아기의 요구를 들어주어야 하고 울도록 내버려 두어서는 안 됩니다. 신생아는 스스로 감정 조절 능력이 없기 때문에 울도록 내버려 두는 것은 아이를 스트레스 받게 합니다. 반대로 안아주거나, 안심시키거나, 보살펴주는 등의 돌봄은 아이의 감정 조절 능력과 자신감 발달에 큰 도움이 됩니다.

아이의 스트레스와 죄책감을 줄이는 개인 태도 훈련에 관한 문제들은 가정에서 잘 이루어져야 하고, 가정에서 해결되지 않고 학교로 문제를 가지고 가서는 안 됩니다.

저는 개인적으로 자주 이런 경험을 했습니다. 저는 때때로 작은 걱정거리가 있을 때는 근심이 표출되는데, 아이들은 이런 타인의 감정을 더 잘 알아차립니다. 아이들이 "실비 선생님, 오늘 무슨 일 있

어요? 평소와 달라보여요"라고 하거나 제가 조금 화가 났을 때 "실비 선생님, 오늘 화가 나셨네요. 평소에 우리에게 말하는 것처럼 말하지 않고 있어요"라고 알려주곤 합니다. 이런 경우, 아이들은 어른으로 인해 학습에 집중할 수 없습니다.

이런 경우에 처했을 때는 아이들에게 절대로 아이들의 잘못이 아니라는 것을 알려주어 죄책감을 가지지 않고, 학습으로 관심을 돌리도록 할 필요가 있습니다. 그러면 어른의 감정을 포함한 모든 일에 책임감을 느끼는 아이들도 다시 놀이 현장으로 돌아갈 수 있게 됩니다.

## 말조심하기

우리가 아무리 조심해도 아이가 어딘가에서 떨어지거나 작은 상처를 입는 것을 막을 수는 없습니다. 반면 이런 사고가 났을 때 어른이 보이는 반응은 아이의 자신감 확립이나 세상을 알아가는 과정에 있어서 큰 영향을 미칩니다.

아이가 엎어진 것을 봤을 때 아이에게 재빨리 달려가서 일으켜 세우고 안아주는 자연적인 반응이 중요하듯이, 사고 후에 우리가 아이에게 하는 말 역시 중요합니다.

아이의 상처 정도에 따라 다르겠지만, 가장 좋은 것은 넘어졌을 때 아이가 정신을 차리도록 약간의 시간을 두는 것입니다. 아이는 방금 자기에게 무슨 일이 일어났는지 이해할 필요가 있습니다. 이어서 어른이 아이에게 가서 진정시키고, 아이의 눈높이에 맞게 자세를 낮추고 앉아서 위로의 말을 해줍니다. 앉은 채로 아이를 안아줄 수도 있습니다. 아이가 심각하게 패닉 상태를 보인다면 무릎을 꿇고 앉게 할 수 있습니다. 대부분의 경우 아이는 재빨리 정신을 차리고 하던 놀이를 잘 할 것입니다.

아이가 다친 정도와 심각성을 파악하는 것은 아주 중요합니다. 아이를 진정시키고 공감하며, 어른이 아이를 굉장히 신경 쓰고 있다는 것을 보여줄 필요가 있습니다. 하지만 너무 심하게 호들갑을 떨 필요는 없으며, 이러한 상황에서 사용하는 단어도 중요합니다.

'오, 내 새끼', '오, 내 사랑'이라며 달래는 것은 별 소용이 없습니다. 진정된 어조와 사랑스러운 목소리로 위로하되, 혼을 내서는 안 됩니다. 안아주면서 위로하는 말을 해주는 것이 바람직합니다.

'오, 네가 지금 한 것은 제대로 넘어진거야!'와 같은 문장은 아이가 어딘가를 기어올라가려다 넘어졌을 경우 사용하기에 좋습니다. 그리고는 차분하게 아이를 안아줍니다. 아이에게 괜찮은지 물어볼 필요는 없습니다. 아이들은 이런 질문에 답을 어떻게 해야 하는지 아직 모르기 때문입니다.

'아프겠구나'는 말은 조금 더 심각한 상황에서 사용할 수 있습니다. 아이가 밀쳐낼 때까지 안아줍니다. 아이를 안으려고 팔을 잡아당겨 들어올리지는 말고 아이의 높이로 어른의 몸을 숙여서 안아주어야 합니다.

반면에 다음과 같은 문장은 절대로 말해서는 안 됩니다.

- 괜찮아, 아무렇지도 않네. 울지 마.
- 울지 마, 남자는 우는 게 아니야.
- 네 형아는 자전거에서 넘어졌어도 안 울었어.

## 책임감 기르기

자신감을 기르기 위해서는 아이가 감당할 때가 되었으면 어느 정도 책임감을 부여해주는 것이 중요합니다. 혼자서 씻는다거나 옷가지를 정리한다거나, 더러워진 옷을 빨래통에 넣는다거나, 장난감 정리와 같이 단순한 것부터 시작할 수 있습니다. 아이가 자라면 조금 더 깊이 있게 할 수 있습니다. 책임을 맡는다는 것은 아이에게 자신감을 길러줍니다. 단, 아이의 연령대와 발달 과정에 맞게 해야 합니다.

몬테소리 유아원 교실에서는 아이들끼리 각자의 책임 영역을 하나씩 맡게 합니다.

- 신발 정리하기
- 코트 정리하기
- 교실 정리하기
- 아이들 부르기
- 식물에 물 주기
- 동물 기르기
- 의자 정리하기
- 아이들을 모으는 종 치기
- 너무 시끄러울 때 조용하게 하는 종 치기

# 자유

올바른 자아상을 세우고 자신감을 기르는 것은 행복한 어른이 되기 위해서 필수적이며, 어린아이들에게 자유는 반드시 필요합니다.

마리아 몬테소리는 다음과 같이 말했습니다.

"우리는 자유의 의미에 대해 명확해야 합니다. 자유가 무엇이든 해도 된다는 것이 아닙니다. 자유란 생존에 필요한 것들을 남에게 의존하지 않고 스스로 만족할 수 있게 할 수 있는 것입니다."

마리아 몬테소리는 아이들이 내부적인 규칙을 가지고 태어난다는 것을 발견했습니다. 이런 내부적인 규칙을 펼칠 수 있도록 어른이 도와주어야 자유로울 수 있습니다.

정확히는 운동, 동작의 자유에 해당합니다. 아이가 자신의 자아를 찾고 스스로에 대한 자신감을 가지도록 해야 합니다.

자유는 무엇이든 제멋대로 하도록 내버려 두는 것을 말하지 않습니다. 자유란 주어진 틀 안에서만 누릴 수 있고, 이러한 틀은 어른이 정해주어야 합니다.


아이의 발달을 위해서는 어른이 적절한 환경을 준비해주는 것이 필요합니다. 환경이 잘 조성되어 있으면 아이는 그 안에서 자유롭게 이동하며 목적에 맞는 교육도구를 사용할 수 있습니다. 따라서,

아이가 교육도구를 제멋대로 사용하게 두어서는 안 됩니다. 정교하게 준비된 놀이 시범을 보고 해야 합니다. 시범을 보여주지 않을 놀이의 준비물은 선반에 놓지 않도록 합니다.

마찬가지로 어른이 탁자나 매트같이 놀이를 할 수 있는 최적의 장소를 지정해주면 아이는 거기에서만 놀이를 하고, 다른 곳에서 놀이를 해서는 안 됩니다. 놀이도구가 담긴 우드트레이나 바구니를 아이가 제멋대로 아무 데나 가지고 가서 놀아서도 안 됩니다.

아이에게 놀이를 하고 나면 장난감이나 책을 스스로 정리하도록 가르쳐야 합니다. 물론 처음에는 아이가 스스로 정리하는 것을 어려워하므로 어른이 도와줄 필요가 있습니다. 조금씩 아이가 스스로 정리하는 방법을 배우도록 합니다.

식사를 하는 장소는 정해져 있다는 것, 밥을 먹을 때는 지정된 장소에 앉아서 먹어야 한다는 것을 아이가 알아야 합니다. 왜, 언제, 이디에서 하는지에 대해 따르는 것은 규율을 준수하게 하고, 히지 말아야 할 것을 안 하도록 배우는 기회를 제공하며, 사회조직을 알아가는 기회를 마련합니다.

또한 이것은 아이가 양육자가 정해준 틀 안에서 주어진 자유를 누리게 합니다.


마리아 몬테소리는 몬테소리 교육 환경 안에서의 자유를 만끽하는 것으로 인해 모든 아이는 스스로의 행동에 대해 생각해보는 기회를 가지게 되고, 자신과 타인에게 미치는 결과에 대해 깊이 생각할 수 있다고 하였습니다. 그녀는 아이들이 자유로운 행동에 있어 고려해야 할 현실의 한계를 알게 하고자 했습니다. 이러한 교육은 몬테소리 교육이 추구하는 중요한 결과이기도 합니다.

아이들에게 주어지는 자유는 다음과 같은 조건 안에서만 가능합니다.

- 아이는 움직임의 자유가 있습니다. 단, 다른 사람에게 방해가 되지 않는 선을 지켜야 합니다.
- 아이는 말을 할 자유가 있지만 다른 사람이 집중하고 있을 때 방해하지 않아야 하고, 듣는 사람이 들을 준비가 되었을 때 말을 할 수 있습니다.
- 아이는 먹고 마실 자유가 있지만, 먹을 준비가 된 차려진 음식만 먹어야 하고, 이는 다른 사람들과 나누는 것이라는 점을 알아야 합니다. 또 자기에게 주어진 것은 먹어도 되지만 친구에게 주어진 음식을 마음대로 먹으면 안 됩니다.
- 아이는 공부를 하지 않을 자유가 있습니다. 하지만 가만히 앉아서 공부하고 있는 다른 아이들을 방해하지 않아야 합니다. 교실을 돌아다닐 자유도 있지만 다른 친구들을 방해해서는 안 됩니다.

- 아이는 바깥으로 나갈 자유가 있지만 어른이 안전하게 준비해둔 곳에만 나갈 수 있습니다. 아이는 자연을 관찰하고 보호하고 동물에게 먹이를 주는 등의 일을 할 수 있습니다. 이러한 자유는 외부의 자연환경이 미리 잘 준비되어 있어야 가능합니다.

- 아이는 스스로 하고 싶은 놀이를 결정할 수 있고, 원하는 만큼 반복할 자유가 있습니다. 이를 위해서는 아이가 놀이를 쉽게 할 수 있도록 미리 준비물을 잘 정돈해 놓아야 합니다. 교실에서는 한 가지 놀이에 대한 준비물이 한 세트만 있기 때문에 아이들의 선택에 제한이 있습니다. 한 가지 놀이 준비물을 어떤 아이가 사용하고 있다면 지금 그 놀이를 할 수 없고, 자기 차례를 기다려야 합니다. 두 번째 제한은 아이가 준비물을 망가뜨려서는 안 되고, 또 준비물 일부를 가지고 가서도 안 됩니다. 아이가 놀이를 선택하면 원할 경우 오전 내내 또는 하루 종일 가지고 놀아도 됩니다. 하지만 놀이의 규칙대로 제대로 가지고 놀아야 하고, 다른 친구들을 방해하면 안 됩니다.

- 아이는 원하는 놀이를 선택할 자유가 있고, 자기가 선택을 했으면 그 놀이를 끝까지 제대로 해야 합니다. 즉, 놀이 준비물을 우드 트레이나 바구니에 담아 선반에 정돈하는 것까지입니다.

- 아이가 바닥에서 놀이를 하기로 결정했다면 테두리가 정해져 있는 매트 안에서만 움직여야 합니다. 한 아이가 매트 위에서 놀이

를 하고 있다면, 다른 아이가 침범할 권리는 없습니다. 마찬가지로 자기의 매트 위에서 놀이를 하는 아이도 다른 놀이를 하고 있는 아이에게 간섭할 권리는 없습니다.

5부

세상 알아가기

# 세상 안에서 나를 발견하다

## 필수 교육

　마리아 몬테소리는 아이가 살고 있는 세상에 대해서 아이들에게 잘 알려주는 것이 중요하다고 말했습니다. 우리는 자신이 모르는 것, 상대방이 거절하는 반응을 보이거나 너그럽지 못한 것, 자신감을 잃는 것에 대한 두려움이 있습니다.

　반대로, 아이가 세상과 역사에 대해 더 많이 알수록 더욱 자신감을 가지며 세상 안에서 자기 자리를 잘 찾게 됩니다.

　아이가 엄마의 뱃속에 잉태되어 있을 때부터 세상에 대해서 알려주는 것이 중요합니다. 연구 결과에 따르면 맛과 냄새는 양수를 통해 전달됩니다. 아기가 태어나기 전에 많은 임산부들이 태교에 신경을 씁니다.

이후에 아이가 자라 이해력이 생기면 아이에게 역사와 세상의 기원 등 아이가 태어나기 전부터 일어난 일에 대해 가르쳐 주어야 합니다. 이는 아이에게 지구를 사랑하는 마음과 선조들에 대한 관심을 불러일으켜 이전에 일어났던 일들을 존중하게 합니다. 또한 공간뿐만 아니라 시간에 대해서도 자기 자신의 위치를 찾게 되고, 이에 따라 자신감이 커갑니다.

이 모든 지식을 통해 아이는 이 땅에서 자신의 역할을 이해하고, 자신의 행동에 따른 결과의 중요성, 자연 안에서 자신의 영향력, 사물의 영속성 등을 알게 됩니다. 자기 주변에 대한 책임감이 있는 아이는 자신감이 큽니다. 왜냐하면 스스로 주변 환경을 균형 있게 유지할 수 있는 능력이 있다는 것을 알아냈기 때문입니다.

물론 아이에게 세상에 대해서 알려줄 때는 아름다움과 긍정성을 가르쳐 주어야 합니다. 아이를 절대로 두려움이나 불안전한 상황에서 살게 해서는 안 됩니다. 이는 자신감 형성에 큰 방해가 되고, 성장 욕구를 저해합니다. 아이가 자연, 동물, 꽃, 나무, 예술 작품의 아름다움에 대해 알게 되면 이러한 아름다움을 유지하는데 공헌하고 싶어 할 것입니다.

## 아기 때부터 할 것

아기가 아주 어릴 때, 아기가 살고 있는 삶에는 경계가 있게 마련입니다. 자신을 돌봐주는 사람은 부모님이고, 사는 곳은 아기의 방이 되겠지요. 집, 정원, 어린이집과 같이 하루 일과를 보내는 공간이 정해져 있습니다. 하지만 아이가 자라면 더 넓은 세계를 알아가야 합니다. 태양, 땅, 대륙, 동물, 꽃, 채소, 곤충, 사람들과 같은 세상의 모든 것을 말입니다.

걷기 전의 어린 아이가 손이 완전히 발달하기 전부터 벌써 아기는 자기가 가지고 있는 감각(시각, 청각, 촉각, 미각 등)으로 세상을 알아갑니다. 아기는 엄마의 냄새를 알아차리고, 엄마의 얼굴을 알아보고, 우유의 맛을 알고, 주변에서 나는 소리를 들으며, 손에 잡히는 것을 만집니다. 그러므로 아이 주변의 환경을 일정하게 유지할 필요가 있습니다. 아이가 태어난 후 1년간은 부모가 향수, 비누, 얼굴이나 몸에 바르는 로션 등을 바꾸지 않는 것이 좋습니다. 냄새가 갑자기 바뀌면 아이가 당황할 수 있습니다. 애착 인형도 너무 자주 세탁하지 않는 것이 좋습니다. 왜냐하면 인형에 스며들어 있는 냄새가 아이에게 안정감을 주기 때문입니다.

# 아이가 자라면

아이가 좀 더 성장하면 시각이나 촉각뿐만 아니라 모든 감각이 급속하게 자랍니다. 예를 들어 이때는 주방으로 데리고 가서 다양한 종류의 허브나 케익의 냄새를 맡게 해 볼 수도 있습니다.

아이가 조금 더 세밀하게 행동할 수 있게 되면, 아이는 질감이나 모양을 배울 수 있습니다. 때로는 손으로, 때로는 입이나 발로도 감각을 익힐 수 있습니다. 집 안에서 볼 수 있는 친숙한 물건들(입에 넣거나 삼킬 위험이 있는 것 제외)로도 세상을 알아갈 수 있습니다. 만져보는 것으로 인해 몸을 사용하는 것과 주변 환경에 대해 알아가게 됩니다.

손으로만 느껴보는 것에서 더 나아가, 만약 바닥 온도가 적당하다면 아이를 눕혀 바닥을 다니면서 몸으로 각각 다른 바닥 재질을 느껴보게 할 수도 있습니다. 이는 신체 인식 발달과 일반적인 운동성 발달을 도와줍니다.

이어서 뒤집기를 시작해 구를 수 있게 되면 아이는 몸이 방에 잘 적응하게 됩니다. 이러한 이유로 아이 방에는 높은 침대가 아니라 낮은 매트리스를 바닥에 두어 아이가 스스로 내려와 방을 다니면서 탐험을 하게 해야 합니다.

더 자라면 아이가 방을 나와 온 집안을 탐험하게 됩니다. 어린 아기들은 이동하면서 눈에 보이는 모든 것을 맛보고, 만져보고, 느끼고 싶어 하기 때문에 위험하지 않도록 주의해야 합니다. 아이가 체험하며 세상을 알아가는 과정에서 자신감이 생기지만 이것은 위험하지 않은 조건에서만 가능한 일입니다.

# 자연 탐구

## 집에서

자연을 경험하는 것은 아이의 발달과 주변에 대한 지식을 위해 필수적입니다. 처음에는 모빌이나 그림 등 아이의 시각을 통해 지능을 발달시키는 것을 생각해 봅니다. 아이의 눈높이에 액자를 달아서 자연이 나와있는 그림이나 사진을 걸어둡니다. 우리는 또한 벽에다가 나무나 잎사귀, 새 등의 스티커를 붙일 수도 있습니다.

아이에게 가능한 한 어릴 때부터 다양한 책을 보여주는 것도 잊지 마시기 바랍니다. 한글 낱자나 알파벳을 익히는 책, 단어를 배울 수 있는 책, 여행, 예술, 동물, 나비, 꽃, 나무를 다룬 책 등을 예로 들 수 있습니다. 이러한 책들은 자연의 풍성함을 알게 해주는 동시에 예술적인 창의성도 길러줍니다.

　가능하다면 아이가 노는 장소를 창가에 두어서 아이가 자연이 계절별로 변하는 모습을 지켜볼 수 있게 하는 것이 좋습니다.

## 야외에서

　외출을 하는 활동 역시 아이가 많은 것을 배울 수 있기 때문에 교육에 필수입니다. 피부로 바람을 느끼고, 새들의 노랫소리를 귀로 듣고, 바람에 따라 움직이는 나뭇잎을 보고, 분수나 강가에서 물을 보고, 바깥에서 나는 여러 소리를 듣는 것들에 아이는 점차적으로 익숙해지고, 그러면서 바깥에 나가는 활동에 대한 자신감이 생깁니다.

　만약 근처에 농장이 있다면 아이를 데리고 가서 동물을 만져보게 하면 좋습니다.

　다음은 만 4살짜리 남자아이를 키우고 있는 엄마의 말입니다.

　"우리 아이는 동물을 아주 좋아해요. 동물을 보기만 하면 쫓아서 달려갑니다. 아이는 소리를 지르고 동물을 때려보고 꼭 껴안고 핥아보려고까지 합니다. 다행히도 동물들이 착했습니다. 아이는 말에도 관심을 보였는데 무서워한 것은 아닌 듯했지만 다른 동물들한테 한 것처럼 만지거나 쫓아가려고 하지는 않더라고요. 너무 귀여웠어요. 아기 양이 태어나 아이에게 만져보게 했습니다. 아기 양이 우리를 쳐다보면서 '우~' 하고 소리를 냈고, 아이가 손을 뗐습니다. 여러 번 반복해도 아이는 같은 반응을 보였습니다."

아이와 산책을 할 때 손으로 만지면서 자연을 배워가도록 합니다. 물론 안전이 제일이라는 원칙은 잊지 말아야 합니다. 나무나 나뭇잎, 흙, 모래, 자갈, 열매, 동물처럼 다양한 자연물들을 만져보도록 합니다.

아이가 걷기 시작하면 숲속이나 정원, 공원에 가서 오랫동안 걸어보게 할 수도 있습니다. 원하면 걷고, 걷기 싫어지면 쉬는 등 아이의 의지에 따라 걷게 합니다. 그러면서 걸음걸이의 속도를 조절하는 것을 배울 수도 있습니다.

이때는 아이가 눈에 보이는 것을 모두 관찰하고 배우는 시기입니다. 아이의 활동이 끝도 없는 시기이므로, 어른은 아이에게 어떤 것을 보여줄 때 알맞은 이름을 가르쳐 주어야 합니다. 세상을 알아간다는 것은 각각의 어휘를 배우는 것과 연결되기 때문입니다.

한편 이 시기에는 여러 가지 다양한 악기, 각각 다른 장르의 음악을 가르쳐 주기에 좋습니다. 또 세계 각국의 다양한 음악 스타일을 배우는 것도 좋습니다.

물론 집 또는 학교에서도 '자연 바구니'를 만들어 볼 수 있습니다.

# ☆ 동물 바구니

**준비물**

◆ 바구니

◆ 6개의 각각 다른 동물 그림

◆ 6개의 각각 다른 동물 모형(그림과 동물은 각각 쌍을 이룸)

**방법**

① 아이를 불러 동물 놀이를 하자고 합니다.

② 바구니를 매트 또는 탁자 위에 올려놓습니다.

③ 동물 그림을 매트나 탁자 위에 올려놓되, 위에서 아래로, 왼쪽에서 오른쪽 순으로 놓습니다.

④ 동물 모형 중 하나를 골라 나열해 놓은 동물 그림 중 같은 동물 밑에 놓습니다.

⑤ 다른 동물 모형을 골라 짝을 찾아 놓습니다.

⑥ 아이가 이어서 혼자 해 보도록 합니다.

처음에는 동물 이름을 말해줄 필요가 없습니다. 그저 짝을 맞추기만 하면 됩니다. 두 번째로 할 때 아이가 모형과 그림에 있는 동물에 익숙해지면 "이것은 소다, 이것은 토끼다"라고 말하면서 놓는 모습을 보여줍니다.

모형이 아니라 실제 물건을 사진으로 찍고, 사진과 물건의 짝을 맞추어 보게 할 수도 있습니다. 이를 통해 아이가 주변에 있는 사물에 익숙해지면 눈으로 보고 손으로 만지며 사용하는 방법도 알게 됩니다.

### 더 알아보기

이러한 놀이는 아래의 여러 주제로 응용해 볼 수 있습니다.

- 야생 동물
- 꽃
- 채소
- 도구
- 악기
- 주방도구

# 다른 나라, 다른 대륙

## 지구본과 세계 지도

아이가 만 2세 정도가 되면 지구에 대해서 알려주기 시작합니다.

몬테소리 교육에서는 입체형 지구본을 가져다 놓고, 파랗고 매끈한 부분은 바다이고, 베이지색이나 다른 색으로 되어 있고 거칠거칠한 부분은 땅이라는 것을 가르칩니다.

그런 다음 아이에게 표면의 매끈한 부분과 거친 부분을 만져보게 합니다. 아이가 매끈한 부분을 만질 때 그것을 '바다'라고 하고, 거친 부분을 만질 때에는 '땅'이라고 알려줍니다.

이 지구본은 지구를 비슷하게 만들어 놓은 것이고, 지구는 우리 모두가 살고 있는 행성이라고 알려줍니다. 이어서 아이에게 지구는 물이 더 많을지, 땅이 더 많을지 물어봅니다.

이번에는 각 대륙이 표시되어 있는 지구본을 준비합니다. 유럽은 빨간색, 아시아는 노란색, 아프리카는 초록색, 남미는 분홍색, 북미는 주황색, 오세아니아는 밤색으로 되어 있습니다. 이것을 사용해 대륙과 대양에 대해 설명해 줄 수 있습니다.

위의 대륙별 색깔과 같은 색으로 표시된 세계 지도를 준비합니다. 이것을 활용해 각 대륙별 이름을 알려줍니다.

이는 만 3세 정도에 배우기 적합한데 이때는 세상을 알아가기 위해 여러 가지 주제로 공부를 시작할 수 있습니다. 지구 안에서 아이가 살고 있는 곳이 어디인지 아는 것은 자신감을 기르는 데 중요한 지식입니다. 자신의 위치를 아는 것은 필수적입니다.

## 대륙별 앨범 만들기

  각각의 대륙별로 색깔을 지정해서 앨범을 만들고 아이가 원할 때마다 보게 합니다.

  앨범에는 아래의 내용이 포함되어야 합니다.


- 각 대륙별 집의 모양
- 각 대륙에 사는 동물들
- 각 대륙에 사는 식물들
- 각 대륙의 대표적 자연 경관
- 각 대륙의 대표적인 문화유산
- 각 대륙별 식재료
- 각 대륙에 사는 사람들(사람들 사진은 행동이나 감정을 느낄 수 있는 것으로 준비합니다. 예를 들어 웃고 있는 아이들, 슬퍼하는 아이들, 부모의 품에 안겨 있는 아이들, 놀고 있는 아이들, 어린이집에 있는 아이들, 춤을 추는 부모들, 노래를 부르는 아이들 등입니다.)


  이러한 앨범은 다른 대륙에 살고 있는 사람들이나 동물, 식물, 풍경, 문화유산, 각각 다른 피부색 등을 보여주고, 세계를 알아가게 합니다. 그리고 어느 대륙에 살던지 사람이 느끼는 감정은 똑같다는 것을 알게 합니다. 세상의 모든 아이들은 놀기와 웃기를 좋아하고, 슬프면 울고, 사람들은 춤추고 노래하는 것을 좋아하고, 부모는 아이를 안아줍니다.

이 앨범은 아주 어린 나이부터 세상의 다양성에 대해 가르쳐 주어 다른 사람들을 이해하게 해줍니다.

아이에게 수많은 설명을 해줄 필요는 없습니다. 이렇게 잘 정돈된 대륙별 앨범을 주는 것으로 충분합니다. 아이가 계속 관심을 갖고 넘겨 보고 싶은 마음이 들게 하려면 앨범은 좋은 사진으로 구성되고, 잘 만들어져 있어야 합니다.

아이가 이것에 익숙해지면 더 많은 것을 알고 싶어 합니다. 다른 사람들을 이해하면서 자기가 살아가는 세상에 대해 더 많이 알아갈 수 있습니다.


자연의 아름다움을 가르치는 것은 과학 교육에 도움이 됩니다. 학교처럼 집에서도 '자연의 책상'을 만들어 볼 수 있습니다. 탁자 위에 계절별로 자연에서 볼 수 있는 것들을 가져다가 놓는 것입니다. 예를 들어 제철 과일, 계절별 꽃이나 채소, 자연에 대한 그림이 있는 책 등입니다. 이어서 점차적으로 아이가 글을 읽을 줄 알기 시작하면 사물에 이름 스티커를 붙여가며 가르칠 수 있습니다.

# 생물의 일생

## 단어 카드

앞에서 말한 단어 카드를 과학 공부에 활용할 수 있으며, 모든 분야의 주제를 배울 수 있습니다.

- 동물들(어류, 양서류, 파충류, 포유류, 조류)
- 곤충들
- 꽃들
- 나무들
- 각종 나뭇잎 등

아이는 이를 통해 자연의 풍성함과 아름다움을 발견할 수 있습니다.

## 삶의 주기

마치 마술과도 같은 삶의 주기와 생명체의 변신 과정을 가르쳐 주어야 합니다. 알이 어떻게 애벌레가 되고, 이어서 멋진 나비가 되는지와 같은 단계를 말입니다.

아이에게 이러한 사실을 보여주면 자연에 대해 더욱 존중하게 됩니다.

# ☆ 개구리의 일생

### 준비물

◆ 개구리가 변화하는 과정에 대한 각각의 그림(즉 알, 올챙이, 다리가 나오는 올챙이, 다리가 다 나온 올챙이, 개구리 순서로 준비해 코팅하고 잘라 카드를 만듭니다. 각각의 그림은 같은 크기의 사각형 안에 있어야 합니다.)

◆ 흰색의 사각형 카드

◆ 같은 크기의 사각형 5개를 비어 있는 상태로 원형으로 넣고, 화살표를 각 사각형 사이에 넣어서 준비한 판

◆ 정답지

### 방법

① 개구리알이 개구리가 되는 과정에 대해서 배워보자고 아이를 초대합니다.

② 각각의 변화 과정을 그림으로 설명해 줍니다.

③ 각각의 카드 안에 있는 그림을 잘 살펴보게 합니다.

④ 카드를 뒤집습니다.

⑤ 비어 있는 카드들이 그려진 판을 줍니다.

⑥ 각각의 변화 과정이 그려져 있는 카드를 줍니다.

⑦ 아이에게 개구리 생애 순서대로 그림을 놓을 수 있는지 물어봅니다.

⑧ 아이가 그림을 다 놓으면 정답지로 확인해 봅니다.

⑨ 틀린 것이 있다면 아이가 스스로 고쳐 보게 합니다.

⑩ 아이가 원하는 만큼 반복할 수 있습니다.

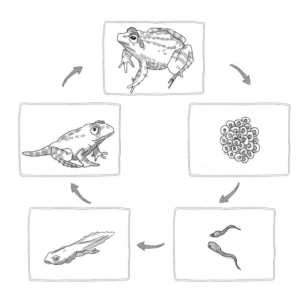

✏️ 더 알아보기

아이가 글씨를 쓸 줄 안다면 단순히 그림만 준비해주면 됩니다.

삶의 주기에 관해서 아래와 같이 다양한 것을 배워볼 수 있습니다.

• 개미 • 나비 • 무당벌레 • 사과 • 닭

# 과학적 경험에서 배우다

자연이 만들어 내는 것에 눈을 뜨게 되면 아이의 자신감 발달에 도움이 되고, 과학적 경험을 하게 합니다. 아이가 만 18개월 정도 되면 여러 가지 물질들을 섞어보면서 작용과 반응을 배워볼 수 있습니다.

- 기름과 밀가루
- 물과 소금(밀가루 반죽할 때)
- 밀가루와 소금(가루 속에 들어간 소금은 잘 보이지 않는다는 것을 알려주기 위해)
- 밀가루와 버터(쿠키를 준비하면서)
- 작은 종지에 넣은 시럽을 냉동실에 넣었을 때의 반응
- 오렌지주스와 얼음
- 아이스크림 위에 녹인 초콜릿 부어보기

# ☆ 얼음 놀이

**준비물**

◆ 우드트레이
◆ 투명한 그릇에 담긴 따뜻한 물(너무 뜨겁지 않게 주의)
◆ 얼음 조각 한 그릇

**방법**

① 아이에게 얼음 놀이를 같이 하자고 합니다.
② 준비물이 담겨 있는 우드트레이를 가지고 와서 탁자 위에 올립니다.
③ 얼음 조각 하나를 따뜻한 물에 넣습니다.
④ 얼음을 따뜻한 물에 넣을 때는 튀지 않도록 아주 천천히 넣습니다. 아이는 손에 잡은 얼음을 따뜻한 물에 넣어 보면서 촉감으로 다른 온도를 느껴볼 수 있습니다.
⑤ 아이가 다른 얼음을 넣어 보게 합니다.


아이가 원할 때 언제든지 실험을 해 볼 수 있도록 우드트레이를 잘 준비해 놓는 것이 중요합니다. 이 경험들은 물리적 현상을 배우게 하고 자신의 주변에서 일어나는 일들에 대해 잘 알아가게 되며,

이는 아이의 자신감을 키워줍니다. 그리고 만 3세 정도 나이의 아이에게는 자석에 붙는 것과 붙지 않는 것, 물에 뜨는 것과 물에 뜨지 않는 것 등을 가르쳐 줄 수 있습니다.

# ☆ 뜨는 것과 가라앉는 것

준비물

[우드트레이에 넣어 준비할 것들]

◆ 투명한 샐러드 볼 1개

◆ 주전자 1개

◆ 스펀지 1개

◆ 행주 1개

◆ 양동이 1개

◆ '뜨는 것'과 '가라앉는 것'이라고 각각 적힌 스티커 1개씩


[바구니에 담아 준비할 것들]

◆ 플라스틱 볼트 1개

◆ 지우개 1개

◆ 작은 컵 1개

◆ 양초 1개

◆ 나사못 1개

◆ 나무로 된 갈고리 1개

◆ 열쇠 1개

◆ 빨래집게 1개

◆ 동전 1개

◆ 고무찰흙 조각 1개

◆ 물에 뜨거나 가라앉는 것을 보여줄 수 있는 다른 물건

**방법**

① 아이를 놀이에 초대합니다.

② 우드트레이를 탁자 위에 올립니다.

③ 아이에게 주전자에 물을 담아오라고 합니다.

④ 주전자에 있는 물을 투명한 샐러드 볼에 담게 합니다.

⑤ 바구니에 들어 있는 모든 물건을 꺼내 탁자 위에 하나씩 올려 줄을 세워 놓되, 왼쪽에서 오른쪽, 위에서 아래 순서로 놓습니다.

⑥ '뜨는 것'과 '가라앉는 것' 스티커를 꺼냅니다.

⑦ 아이에게 이제 물에 뜨는 것과 가라앉는 것들을 알아보자고 이야기합니다.

⑧ 양초를 물이 담긴 샐러드 볼에 넣고 이것은 '뜨는 것'이라고 알려줍니다.

⑨ 양초를 물에서 꺼내 행주로 물기를 닦고 '뜨는 것' 스티커 아래에 놓습니다.

⑩ 열쇠를 물이 담긴 샐러드 볼에 넣고, 이것은 '가라앉는 것'이라고 알려줍니다.

⑪ 열쇠를 꺼내 행주로 닦고 '가라앉는 것' 스티커 아래에 놓습니다.

⑫ 아이에게 다른 물건으로 놀이를 해 보라고 합니다.

⑬ 끝나면 물을 양동이에 버립니다.

⑭ 아이가 원하면 언제든지 놀이를 할 수 있다고 말해줍니다.

가능하다면 '뜨는 것'이라고 쓴 스티커와 뜨는 물건에 같은 색깔의 스티커를 붙이고, '가라앉는 것'이라고 쓴 스티커와 가라앉는 물건들에는 다른 색의 스티커를 붙입니다.

아이는 점차적으로 물에 뜨는 것과 가라앉는 것에 대한 이치를 이해하게 됩니다. 아이가 스스로 논리를 찾도록 두어야 하고, 아이에게 정답을 미리 주입하지 않아야 합니다.

아이가 놀이를 많이 하고 이치를 충분히 이해했다고 판단되면 그림으로도 구분해 보게 합니다. 우드트레이나 바구니에 각각의 사물 이름 카드를 준비합니다. 뜨는 것과 가라앉는 것이라고 적힌 스티커에 아직 글을 못 읽는 아이를 위해서 해당하는 사물의 모양을 하나씩 그려줍니다. 각각 사물의 그림을 보고 뜨는 것과 가라앉는 것을 구분해 알맞은 자리에 놓아보도록 합니다. 실수 관리를 위해 정답지도 미리 준비해 놓습니다. 이를 통해 아이는 혼자서 놀이를 해보고 실수 관리를 할 수 있습니다.

비슷한 놀이로 자석에 붙는 것과 붙지 않는 사물을 구분해 보게 할 수 있습니다. 아이들은 이 놀이를 매우 좋아합니다.

공기가 있는 곳과 없는 곳을 구분해 볼 수도 있습니다. 이로써 아이는 공기가 사방에 있다는 것을 알게 되고, 자기가 살아가는 세상에 대해 좀 더 잘 알아가게 됩니다.

# 아이의 연대기

## 나만의 이야기

만 2세부터 아이에게 시간과 공간, 그 위에 아이는 어디쯤 위치해 있는지 알려줄 수 있습니다. 이를 위해 아이의 삶의 역사가 사진으로 나타나 있는 길쭉한 종이 현수막을 가로로 준비합니다. 아이가 태어나는 순간, 웃는 순간, 혼자 뒤집기를 해낸 순간, 기어 다니는 동작을 처음 한 순간, 서는 순간, 걸음마를 하는 순간, 생애 첫 크리스마스, 첫 생일, 동생의 탄생 등 아이에게 중요한 순간을 사진으로 준비해 종이 현수막 위에 붙입니다.

각각의 사진 밑에는 아이의 나이를 적어 넣고, 이 현수막은 벽에 가로로 붙입니다. 아이는 이를 통해 삶의 여러 단계에 대해 인지합니다.

다른 현수막은 세로로 준비하되, 아이의 일주일간 생활을 나타냅니다. 각각의 요일마다 아이가 하는 활동을 그림으로 나타냅니다. 현수막에 있는 것과 똑같은 그림을 인쇄, 코팅해서 카드로 준비합니다. 이어서 빈 현수막을 옆에 붙이고, 그림 카드를 아이가 스스로 순서대로 붙여 보게 합니다. 원본 현수막과 대조해보며 제대로 했는지 확인합니다.

똑같은 방법으로 하루 일과를 준비해서 순서대로 맞추어 볼 수도 있습니다.

몬테소리 교육에서는 '시간 대들보'라고 불리는 달력을 사용합니다. 가로로 긴 종이에 1년 365일이 각각 들어가 있는 달력입니다. 이 큰 달력을 벽에 붙입니다. 이로써 아이는 하루와 일주일, 한 달, 계절, 1년의 개념을 익힐 수 있고, 명절도 배울 수 있습니다. 아이는 이제 1년이 어떻게 진행되는지, 그동안 어떻게 지내왔는지, 생일이나 크리스마스와 같은 행사 날짜는 언제 돌아오는지 알게 되어서 불안해하지 않을 것입니다.

저자는 아이를 둘 가지고 있고, 셋째를 임신한 엄마를 한 명 알고 있습니다. 두 아이들에게는 동생을 기다리는 아홉 달이 너무 길게 느껴집니다. 그래서 엄마가 시간 대들보 달력을 벽에 붙이고, 임신 시작일과 출산일을 표시했습니다. 그러자 아이들이 동생이 나오기를 얼마만큼 기다렸고, 또 얼마만큼 더 기다려야 하는지를 알고, 차분히 동생을 기다릴 수 있었답니다.

## 연대기 현수막

이후에 아이가 좀 더 자라면 아이가 살아오면서 기억하는 중요한 행사들을 엮어 '연대기 현수막'을 준비합니다. 시간의 흐름을 이해하고, 연대기에 따른 순서를 이해하는 것은 시간의 흐름 안에서 아이 스스로 자기의 위치를 찾는데 필수적으로 배워야하는 것입니다.

스스로 어디에 자리 잡아야 하는지 위치를 잘 아는 아이는 주변 세상을 잘 이해하고, 자신감이 충만한 아이로 자랄 수 있습니다.

반대로 하루 동안, 일주일간, 한 해 동안, 이 세상에서 무슨 일이 벌어지는지 개념이 없는 아이는 지금 자기가 어디인지 어떻게 해야 하는지 몰라 불안하고 스트레스를 받으며, 이런 상태는 자신감 발달도 방해합니다.

# 6부

## 내 아이 잠재력,
## 이렇게 깨운다

# 아이의 발달 돕기

## 잠재력의 가치

몬테소리 교육에서는 아이의 잠재력 발달을 아주 중요하게 여깁니다. 주어진 환경과 교육도구를 통해 아이는 점점 발달해 갑니다.

아이는 자기만의 능력과 발달 속도가 있습니다. 어른은 이것을 다른 아이와 비교해서는 안 됩니다. 아이가 스스로 다른 아이와 비교하지 않도록 어른이 나서서 도와주어야 합니다. 모든 잠재력은 저마다 고유의 가치를 지니고, 어떤 가치도 더 낮거나 덜하다고 볼 수 없습니다.

아이들이 겪는 민감기는 모든 아이들에게 같은 순서로 찾아오지 않습니다. 어떤 아이는 한 가지 행동에 집착하며 배우고, 다른 아이는 서로 다른 행동을 통해 배우기 시작할 수 있습니다. 아이들은 각자 나름의 방법으로 스스로를 차츰 알아가게 됩니다.

아이는 이로써 성격이 형성되고, 능력이 쌓이며, 커다란 자신감이 생기게 됩니다. 뿐만 아니라 많은 것을 배울수록 아이는 감당하기 힘들 만큼 큰 어려움을 미리 겪어 자신감이 무너지는 사태를 피할 수 있습니다.

아이는 자율성이 있기 때문에 스스로 배우고, 실수 관리를 하며, 해야 할 것을 알고, 자신에게 어려운 것이 무엇인지 알게 됩니다. 또 남들과 비교하지 않고도 스스로 무엇을 좋아하는지, 좋아하지 않는지도 알게 됩니다. 이는 어른이 마련해준 환경이 아이의 발달에 맞게 구성되어 있고, 각자에게 맞는 방법을 알게 하기 때문입니다.

모든 놀이를 통해 아이는 다른 아이들과 비교하지 않으면서 스스로의 필요와 배움의 리듬에 맞게 자신에 대해 알아가게 됩니다. 어른은 아이에게 너무 과한 칭찬을 해서는 안 되고, 잘했다고 상을 주어서도 안 됩니다. 왜냐하면 아이가 스스로 배움의 방법을 만든 것이고 이는 아이의 즐거움이기 때문에 상을 줄 것은 아닙니다.

## 아이가 어릴 때부터

    태어나서 1개월 동안 아기는 자기가 태어난 환경에 대해 신뢰를 하는 방법을 배우게 됩니다. 또한 아기는 자기만의 방법으로 "나도 그것을 하고 싶어요" 또는 "나도 그것을 할 수 있어요"라고 표현하려고 합니다. 만 2세가 될 때까지 아이는 "나도 유용한 사람이에요", "나도 삶에 참여할래요"라고 말하는 것처럼 스스로 세상에 참여하는 방법을 알게 됩니다.

    이 모든 것이 크고 강력한 자존감을 키우는 요소가 되고, 세상 안에서의 자신감을 갖게 합니다.

    아이가 신생아일 때부터 몬테소리 놀이를 시작하면 각자 아이들의 잠재력을 발달시키고, 아이의 능력에 따라 그들의 성격 발달에 도움이 됩니다. 자기가 누구인지 잘 아는 사람은 자기에게 유익한 것들을 더 잘 알게 되고, 자신감이 더욱 발달합니다.

# 감각의 역할

## 세상을 배우기

마리아 몬테소리는 아이들이 감각을 통해 세상을 배워간다는 것을 발견하고 이렇게 말했습니다.

"감각은 외부 세계를 배워가고, 지성을 발달시키는 기관입니다."

또한 아이들의 감각이 발달할수록 섬세하게 세상을 인지하고 더 잘 배울 수 있습니다. 아이가 세상을 더 잘 이해하면 할수록 편안함을 느끼고, 자신감 있는 아이로 자랄 수 있습니다. 그러므로 아이의 감각이 발달할 수 있는 환경을 만들어주어야 합니다.

감각이 발달하면 지성을 발달시키고, 지성이 발달하면 아이의 인생이 훨씬 편하고 재능 생성에 대한 믿음이 생기게 됩니다. 아이에게 감각 발달에 알맞은 교육도구들을 보여주면 아이의 집중력도 상당히 발달합니다. 집중력은 학습에 반드시 필요한 요소입니다. 또한 바르게 배우고 모든 것을 흡수할 수 있게 하며 삶에 안정감을 갖도록 해줍니다.

마리아 몬테소리는 감각 교육이 똑똑한 아이를 만든다고 말했습니다. 이러한 이점 외에도 감각 발달 놀이는 정체성을 깨우치고, 비교와 대조의 개념을 알게 합니다.

실제로 섬세한 감각 발달은 우리가 흔히 말하는 직관 능력을 키웁니다. 감각이 세밀하게 발달한 아이들은 세상과 사람들에 대해 더 섬세하게 인지할 수 있습니다. 예를 들어 슬픈 얼굴을 하고 있는 사람, 손을 떨고 있는 사람 등 사람들의 감정을 잘 읽게 되며, 이때 어떻게 대처해야 하는지도 더 잘 알게 됩니다. 다시 말해 아이의 공감 능력이 크게 발달하는 것을 뜻합니다. 뿐만 아니라 이런 아이들은 새로운 상황에 처했을 때 적응이 빠릅니다. 새로운 문화와 상황을 파악하고 배우는 능력이 이미 발달해 있기 때문입니다. 그리고 아이는 해당 문화 안에서 어떻게 행동해야 하는지, 다른 사람들은 어떻게 살아가는지를 재빨리 파악하는 능력이 앞서 있습니다.

## 감각 분리

아이가 실내나 바깥에서 놀이를 통해 얻은 감각의 반응은 감각 발달 놀이도구를 통해서 더 잘 소화해낼 수 있습니다. 이러한 놀이도구는 받은 느낌을 인식하게 하고, 이어서 아이 스스로가 자기의 감각을 지배하는 주인이 되게 합니다.

마리아 몬테소리는 특별한 능력을 발휘하려면 각각의 감각을 분리해서 학습하게 해야 한다는 것을 발견했습니다. 촉감을 인식하기 위해서 시각과는 분리해야 더 효과적으로 인지할 수 있는 것을 예로 들 수 있습니다. 촉감 놀이를 할 때는 조용하고, 어두운 상황 즉 눈과 귀는 닫은 상태에서 오로지 손으로만 촉감을 느껴 인지하게 해야 다른 감각을 통해 얻는 인지와 섞이지 않게 됩니다.

감각 분리를 할 때는 안대를 씌우거나 조용한 방으로 이동해 진행하고, 한 가지 감각을 배우는 놀이를 할 때는 놀이도구의 난이도를 점차적으로 조절해 올려야 합니다.


## 감각 발달 놀이 준비하기

갓난아기들에게 세상을 배우는 유일한 경로는 오감뿐입니다. 이어서 점차적으로 발달 리듬이 생깁니다.

감각은 뇌와 직접적으로 연결되어 있습니다. 모든 자극 즉 소리, 냄새, 만지기, 그림, 맛 등은 신호화되어 뇌로 전달됩니다. 이어서 정보를 구분하며 저장하고, 이미 저장되어 있던 정보와 대조·분석하고, 뇌세포들간에 작용하게 됩니다. 감각이 정보를 더 많이 전달할수록 뇌신경망은 더욱 복잡하고 다양해지며 효율적으로 작용합니다.

처음에는 오감을 통해 얻은 정보를 무의식적으로 흡수합니다. 이후에는 조금씩 이를 기억하고, 분류하며, 정리할 수 있게 됩니다. 이것은 각 감각마다 해당하는 영역의 뇌가 발달하기 때문입니다. 촉각을 관장하는 부분은 세상과 상호작용하는 감각을 다루는 부분과 관련되어 있습니다.

아이가 아주 어릴 때는 손을 사용하는 것을 잘 모르기 때문에 이때는 청각 발달에 집중합니다. 아이의 감각을 최적화하고 교육하는 것은 충분히 가능한 일입니다. 이를 위해서는 놀이를 기획하고 아이가 경험을 많이 하게 두는 것이면 충분합니다.

아이와 함께 재미있는 놀이를 하는 것은 아이에게 배움에 대한 동기를 유발하며, 발달의 기회를 주어 건설적입니다. 놀이를 통해 아이는 여러 가지를 시도해보고, 실수도 해 보고, 비교와 관찰을 하면서 새로운 경험을 많이 하게 됩니다.

# 미각 발달

아이는 태어나면서부터 맛을 알고 냄새를 맡을 수 있는 능력이 있습니다. 벌써 좋아하는 맛과 싫어하는 맛의 기호가 있으며, 이는 엄마가 아이를 임신했을 때의 영향을 많이 받습니다.

아이는 모유를 통해 엄마가 섭취한 음식들의 맛에 간접적으로 익숙해집니다. 모유를 먹고 자라는 아이들은 여러 음식에 대해 간접 경험을 많이 하기 때문에 단조로운 맛을 경험하는 분유 먹는 아이들에 비해 음식을 가리는 일이 적습니다. 물론 아이들의 미각을 발달시키기에 가장 좋은 방법은 주기적으로 다양한 음식을 맛보게 하는 것입니다.

아이가 손으로 잡는 능력을 가지는 때가 되면 잡히는 무엇이든지 입에 가져다 넣는 시기가 있는데 이때가 미각 발달 교육에 좋은 시기입니다. 장난감 바구니에 있는 딸랑이, 공, 책 등 모든 것들은 각각 나무, 금속, 헝겊, 양털 등 소재에 따라 다른 맛을 가지고 있습니다. 때문에 아이의 장난감을 고를 때는 질감이 다른 것으로 다양하게 준비해주어야 합니다.

# ☆ 맛보기

## 준비물

- ◆ 우드트레이
- ◆ 6개의 동일한 크기의 작은 공병 2세트(병은 불투명하고, 병 색깔이 모두 같아야 합니다. 뚜껑의 색이 서로 같아야 하고, 각각의 병 뚜껑에는 스포이트가 달려 있어야 합니다.)
- ◆ 한 쌍의 병에 같은 맛의 액체를 넣고, 정답 확인을 위해 각각의 맛에 따른 고유의 색깔 스티커를 붙입니다.
- ◆ 손을 닦을 수 있는 수건
- ◆ 물 1병
- ◆ 컵 1개

## 방법

① 병을 2개씩 짝을 이루게 하고, 같은 맛의 액체를 넣어 총 6쌍을 만듭니다.

② 병들을 받침에 꽂아서 한 줄씩 우드트레이에 수직으로 세우되, 같은 맛의 병이 붙어 있지 않도록 순서를 섞습니다.

③ 아이에게 맛보기 놀이를 하자고 합니다.

④ 우드트레이를 탁자로 가지고 옵니다.

⑤ 어른이 병 하나를 집어 뚜껑을 열고, 스포이트로 액체 한 방울을 손등에 떨어뜨린 다음 혀로 맛을 봅니다.

⑥ 같은 병의 액체를 아이의 손등에도 한 방울 떨어뜨려 맛을 보라고 합니다.

⑦ 무슨 맛인지 물어봅니다.

⑧ "이제는 이것과 같은 맛을 찾아보자"라고 합니다.

⑨ 이미 맛을 본 병은 우드트레이 바깥에 치워 놓습니다.

⑩ 다른 줄에 있는 병들 중에서 하나를 고릅니다.

⑪ 어른이 뚜껑을 열어 스포이트로 손등에 한 방울을 떨어뜨리고 맛을 봅니다.

⑫ 아이의 손등에도 한 방울을 놓아주면서 먼저 맛본 것과 같은 맛인지 물어봅니다.

⑬ 아닐 경우 병을 한쪽에 놓고, 다른 병을 골라 맛을 보게 합니다.

⑭ 만약 아이가 처음 맛본 것과 같은 것을 찾았다면 처음 병을 놓은 곳 옆에 둡니다.

⑮ 모든 병의 짝을 맞출 때까지 계속합니다.

⑯ 짝 맞추기가 끝나면 아이에게 각각 병의 뒷면을 보고 스티커 색깔이 맞는지 살피며 정답 확인을 해 보게 합니다.

⑰ 만약 틀린 것이 있다면 아무 말도 하지 말고, 아이가 원할 경우 다시 해 보게 합니다.

⑱ 놀이를 하는 중에 입 속에서 여러 가지 맛이 섞일 수 있으니 도중에 물을 마시게 합니다.

만 2세부터 작은 병을 활용한 맛보기 놀이를 할 수 있습니다. 단맛, 쓴맛, 짠맛과 같은 모든 맛을 각각의 병 안에 넣을 수 있습니다. 또한 민트, 레몬, 딸기, 석류 등의 허브나 과일 시럽, 식초, 소금물, 자몽즙 등 다양한 것들을 준비할 수 있고, 맛의 선택도 여러 가지로 할 수 있습니다.

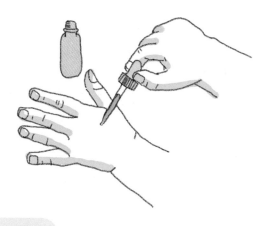

### 🖊 더 알아보기

병 안에 있는 액체의 맛을 볼 때 "이것은 식초야, 우리 식초를 찾아보자"라고 말하면서 액체의 이름을 알려줄 수 있습니다. 또한 "이것은 단맛이야. 우리 단맛이 나는 액체를 담은 다른 병을 찾아보자"라고 맛의 이름을 알려줄 수도 있습니다. 이 놀이는 병 속에 들어 있는 액체를 바꿔가면서 자주 할수록 아이의 섬세한 미각 발달을 돕습니다.

# 후각 발달

맛과 마찬가지로 아기들은 태아일 때부터 양수를 통해 냄새를 경험합니다. 아기는 태어나면서 엄마나 양육자의 냄새를 재빨리 파악합니다. 이어서 자기 집에서 나는 냄새, 예를 들어 주방의 냄새나 집 안에 있는 식물의 냄새 등 자기에게 주어진 환경 안에 있는 냄새들을 파악하기 시작합니다.

아이들에게 딸기 같은 과일이나 바질 등의 허브 향기를 맡게 하고, 치즈가게나 생선가게, 농장 등 각각 다른 냄새가 나는 곳에 데리고 가서 후각 경험을 하게 합니다.

## 냄새 맡기

맛보기 놀이에 사용한 것과 같은 형태의 병을 준비합니다. 다만 스포이트가 달려 있을 필요는 없습니다. 그리고 병 안의 내용물이 보이지 않도록 불투명한 것이 좋습니다.

다양한 냄새를 맡을 수 있도록 병 안에 커피콩, 허브 등 여러 가지 다른 물질을 넣고, 자주 바꾸어 줍니다. 놀이 방법은 맛보기 놀이와 똑같습니다.

냄새 맡기 놀이는 반드시 자연에서 맡을 수 있는 냄새로만 하지 않아도 됩니다. 아이의 시각이 발달하면 냄새에 대해서는 잊어버리는 경향이 있기 때문에 놀이를 통해 다양한 냄새를 맡아보게 하는 것이 중요합니다. 물에 젖은 식물이나 라일락, 장미꽃 등 주변에 있는 것들의 냄새부터 일부러 맡게 해 봅니다.

후각은 우리의 감정과 직결되어 있는 감각이어서, 후각에는 감정과 기억이 되살아나게 하는 능력이 있습니다.

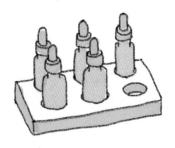

# 청각 발달

태아는 엄마 뱃속에 있을 때부터 엄마의 목소리와 엄마가 듣는 음악 등의 소리를 들어 왔습니다. 아기가 태어나면 감각 발달을 위해서라도 아기에게 말을 많이 해주고, 노래를 불러주거나 다양한 음악을 들려주는 것이 좋습니다.

## 음악의 중요성

어린 아이들에게 음악은 아주 긍정적인 역할을 합니다. 하지만 아이에게 들려준다고 음악을 하루 종일 틀어 놓을 필요는 없습니다. 하루 중 일정 시간을 정해 음악을 감상하게 하거나, 일상에서 음악이 있을 때 들려주는 정도면 됩니다.

아이에게 들려줄 음악은 다양한 장르로 세심하게 준비해야 합니다. 다양한 음악이나 전 세계의 음악을 들려주면 다른 문화에 대해 간접적으로 경험할 수 있어서 아이의 시야를 넓혀줍니다.

아이가 아주 어릴 때부터 악기 바구니를 만들어 줄 수도 있습니다. 각종 소리가 나는 악기들을 준비해 두면 아이가 다양한 음악적 경험을 할 수 있습니다.

아이가 자라면서 악기의 종류를 다양하게 해주면 좋습니다. 다만 악기를 연주하는 놀이는 반드시 지정된 장소에서만 해야 하고 악기를 들고 사방으로 돌아다니지 않도록 주의해야 합니다. 또한 악기는 올바른 방법으로 연주해야 아름다운 소리를 낸다는 것을 잘 알려주어야 합니다.

아이가 자유롭게 움직일 만큼 성장하면 음악에 따라 춤을 추는 것을 매우 좋아하게 됩니다. 이 활동은 예술적인 감각 발달에 큰 도움이 됩니다.

아이가 자라면 집 안에서 나는 소리나 흘러나오는 음악의 곡조를 주의깊게 들어보는 훈련을 할 수 있습니다. 생상스가 작곡한 '동물의 사육제'는 아이들이 어렸을 때부터 들려주기에 적합한 곡입니다. 음악 속에 나오는 각각의 소리들을 아이가 구분해 보게 할 수 있습니다.

새소리가 나는 피리를 쌍으로 준비해서 "이건 뻐꾸기 소리야. 다른 피리를 불어보고 같은 소리를 찾아보자"고 제안해 봅니다. 다른 여러 가지 새소리가 나는 피리들을 짝을 맞추어 봅니다.

## 소리상자

맛과 냄새를 배우는 놀이에서 사용한 것과 같은 방법으로 소리상자를 만들 수 있습니다. 뚜껑이 있는 작은 플라스틱 통의 형태로 내용물이 보이지 않도록 불투명한 것이 알맞습니다. 통 안에 각각 다른 소리가 나는 소금, 밀가루, 렌틸콩, 강낭콩, 커피콩, 쌀 등을 넣습니다.

이 놀이도 같은 소리가 나는 통을 2개씩 짝을 이루어 준비하는데, 이번에 특히 주의할 것은 완전히 같은 소리가 나게 하기 위해서 통에 담는 내용물의 양을 똑같이 넣어야 합니다.

앞에서 했던 놀이와 똑같이 소리상자 하나를 흔들어 들어보고, 같은 소리가 나는 것을 찾아 짝을 이루면 됩니다.

몬테소리 교실에서는 음감벨(몬테소리 종)이라고 부르는 교육도구를 사용하기도 합니다.

# 시각 발달

아기가 막 태어났을 때 시각은 발달되어 있지 않고 자라면서 점차 발달하게 됩니다. 이러한 이유로 아기가 태어나자마자 아기의 눈높이에 흑백 그림으로 된 명암이 다른 그림들을 준비해 두어야 합니다.

신생아일 때부터 아기가 누워있는 곳 위에, '무나리(Munari) 모빌'이라고 불리는 흑백 모빌을 아이의 가슴 윗부분에 오도록 달아줍니다. 이 모빌의 은박으로 되어 있는 부분에 햇빛이 비치면 빛을 반사합니다.

무나리 모빌은 신생아 시기부터 아기의 시력을 자극하고, 이는 6개월 정도 사용할 수 있습니다. 이 모빌은 공기의 흐름에 따라 움직여서 아기가 주목하게 하며 움직임에 따라 아기의 시선이 이동하도록 만듭니다. 아기는 아직 색깔을 구분할 줄 모르기 때문에 흑백의 명암이 아기의 시각을 자극합니다.

아이의 시각이 점점 발달하면서 무나리 모빌에 이어 시각 발달을 위한 다른 모빌을 준비해줍니다.

고비 모빌(Gobbi Mobile)은 똑같은 모양과 크기의 구형을 준비하되 색깔만 다르거나 색의 채도가 다른 것입니다. 구형은 면 재질이나 빛을 반사할 수 있는 천 소재가 좋습니다. 고비라는 이름은 마리아 몬테소리의 조수였던 지아나 고비(Giana Gobbi)의 이름에서 온 것입니다.

그 밖에도 8면체 모빌과 춤추는 모빌 등이 있습니다.


아기의 시각 발달을 위해 주변에 흑백 그림을 붙일 수 있습니다. 아기방에 있는 정리 서랍 근처나 아기체육관(여러 가지 질감의 장난감을 매달아 누워 있는 아기가 만질 수 있도록 해놓은 놀잇감으로 삼각 지지대라고도 함) 등에 붙여줍니다. 아기가 아주 어릴 때부터 흑백으로 된 책을 보여줄 수도 있습니다.

아이가 자라면 퍼즐을 줄 수 있고, 3부에서 이야기한 분류하기 놀이를 할 수 있으며, 이어서 같은 카드 찾기나 연산을 배울 수도 있습니다.

몬테소리 유치원에서는 다음과 같이 다양한 시각 발달 교육도구를 사용하고 있습니다.

- 나무 실린더 블록
- 빨간 막대
- 분홍탑
- 색깔이 다양한 나무 판자

# ✿ 연산

**준비물**

◆ 빨간색 큰 삼각형 10개, 노랑고 작은 동그라미 10개, 크고 파란 사각형 10개
◆ 상자 1개
◆ 매트

**방법**

① 아이를 매트로 초대합니다.

② 아이가 매트에 앉으면 어른은 준비물 상자를 가지고 옵니다.

③ 도형을 가지고 연산을 만듭니다. 예를 들어 삼각형 1개, 사각형 2개, 삼각형 3개, 사각형 1개, 삼각형 5개를 순서대로 한 줄로 매트에 놓습니다.

④ 방금 만든 연산 아래에 똑같이 한 줄을 더 만듭니다.

⑤ 아이가 해 보도록 합니다.

 아이가 아무거나 집어서 입에 넣는 때가 지나면 단추와 같은 일상생활에서 보이는 물건들을 가지고 연산 놀이를 할 수도 있습니다.

# ☆ 작은 자동차들

**준비물**

◆ 모양과 크기는 같고 색깔만 다른 장난감 자동차 3개
◆ 매트

**방법**

① 매트 위에 3개의 장난감 자동차를 올려놓습니다.
② 아이에게 "내가 노란 자동차를 집었어"라고 말하며 노란 자동
  차를 보여줍니다. "내가 노란 자동차를 내려놓았어"라고 말하며
  노란 자동차를 내려놓습니다.
③ 다른 색깔의 자동차도 마찬가지로 해 봅니다.
④ 여러 번 반복합니다.


이 놀이는 다양한 색깔을 보여줌으로 인해 아이의 시각 발달에 도
움을 줄 수 있습니다.

모든 감각 발달을 위한 놀이도구들은 한 가지 기준만 다르고 나머
지 성질은 같아야 합니다. 장난감 자동차로 색깔을 배울 때는 색깔
만 다르고 모양과 크기는 같아야 합니다. 색깔은 단순한 노란색, 빨
간색, 파란색으로 시작하는 것을 권장합니다.

아이에게 "빨간 자동차를 골라보겠니?"라고 물어보고, 만약 아이가 제대로 찾았다면 "빨간 자동차를 주어서 고마워"라고 말합니다. 만약 아이가 다른 색깔의 자동차를 골라서 주었다면 "이것은 노란색이야"라고 말해주고 빨간 자동차를 골라 보여줍니다.

# 촉각 발달

## 필수 감각

촉각은 아기가 태어나면서부터 엄청나게 발달합니다. 비록 아기가 스스로 큰 동작을 할 줄은 몰라도 만지는 것은 잘합니다. 예를 들어 어른이 손가락을 아기의 손에 가져다 대면 아기는 그것을 꼭 잡습니다.

촉각은 아기의 인생에서 감정과 관계 형성에 아주 큰 역할을 합니다. 껴안는 것과 같은 행동은 아기에게 좋은 감정을 주고, 스트레스를 받거나 울 때 단순히 안아주는 것만으로도 진정이 될 수 있습니다. 반대로 꼬집는 동작은 안전에 문제가 있음을 직감하게 해서 불쾌감을 줍니다. 아기는 어른이 해주는 동작에 아주 민감하며 특히나 부모나 양육자의 동작은 더 중요합니다.

## 어떻게 발달할까?

여러 가지 다른 소재를 만져볼 수 있는 딸랑이와 아기체육관이 촉각 발달에 도움이 됩니다. 아이들은 사물의 작은 차이도 잘 느끼고, 물건마다 다른 느낌을 받습니다.

마사지는 아기가 편안함을 느끼는 것과 불편함을 느끼는 것을 알게 하고 안정감을 주어 이 또한 촉각 발달에 도움이 됩니다.

각각 소재가 다른 공을 만져보는 활동은 아이의 촉각 발달에 매우 좋습니다. 또한 다른 소재로 만든 큐브나 몬테소리 공도 아기들이 좋아하는 놀잇감입니다.

이러한 감각의 발달은 아이들에게 필수적이고, 이를 발달시키는 놀이는 아이들도 재미있어 합니다. 이제 아이들은 주변을 더 잘 배울 수 있게 되어 삶에 자신감이 생깁니다.

아이가 자라 약 18개월 정도 되면 비밀 주머니를 만들어 이와 관련된 놀이를 할 수 있습니다.

# ☆ 비밀 주머니 놀이

## 준비물

- ◆ 20X25cm의 면 주머니(주둥이에 줄이 달려 있어 당기면 닫히는 주머니 형태의 가방을 준비합니다.)
- ◆ 아이의 일상생활에 흔히 보이는 물건 6개(나무 숟가락, 칫솔, 작은 숟가락, 병뚜껑, 빨래집게, 작은 병 등)
- ◆ 매트

## 방법

① 주머니를 탁자나 매트로 가지고 옵니다.

② 주머니를 조심스럽게 엽니다.

③ 주머니에 손을 넣습니다.

④ 아이에게 "나는 지금 ○○을 만지고 있다"고 말하면서 그 물건을 꺼냅니다.

⑤ 물건들을 하나씩 꺼내어 탁자나 매트 위에 올리되, 왼쪽에서 오른쪽 순서로 놓습니다. 아이가 이어서 해 보도록 합니다.

⑥ 만약 아이가 혼자서 놀이를 할 수 있다면 비밀 주머니를 아이에게 줍니다. 단, 물건의 이름을 아직 모른다면 물건을 만지고 꺼내는 것만 해도 됩니다.

비밀 주머니 놀이를 할 때는 주머니 안의 물건을 자주 바꾸어 주는 것이 좋습니다. 또한 6개 이상의 물건을 넣지 않도록 주의합니다. 이 놀이를 하는 목적은 입체적인 사물을 만져봄으로써 촉각을 발달시키는 것입니다.

# ✿ 비밀 주머니 짝 맞추기

**준비물**

◆ 20X30cm의 면 주머니 2개를 준비하되, 주둥이를 묶는 끈의 색깔은 다르게 준비합니다.(빨간색과 파란색 끈으로 구분되도록 합니다.)

◆ 3~4쌍의 물건

◆ 매트

**방법**

① 주머니를 탁자나 매트로 가지고 옵니다.

② 주머니 하나를 아이에게 주고, 나머지 하나는 어른이 갖습니다.

③ 어른이 주머니 속에 손을 넣고, 물건을 하나 골라 만져보고는 "내가 만지고 있는 것은 ○○이야"라고 말을 한 후에 물건을 꺼내며 이름을 알려줍니다.

④ 물건을 탁자나 매트 위에 놓되 왼쪽에서 오른쪽 순서로 놓습니다.

⑤ 아이에게 방금 어른이 꺼낸 물건과 같은 것을 찾아보라고 합니다.

⑥ 짝을 찾으면 먼저 놓은 물건 옆에 둡니다.

⑦ 놀이를 끝까지 계속합니다.

⑧ 아이가 놀이를 제대로 하기 시작하면 혼자서 해 보게 할 수 있습니다.

## ☆ 헝겊 만져보기

**준비물**

◆ 각각 다른 소재의 헝겊 4쌍

◆ 상자

◆ 안대

**방법**

① 아이에게 헝겊을 보여주고 잘 만져보게 한 다음 헝겊의 이름을 가르쳐 줍니다.

② 아이에게 안대를 하게 합니다.

③ 헝겊들의 짝을 찾아보자고 합니다.

④ 헝겊을 아이의 손에 쥐어주면서 손 전체로 만져보라고 하고, 이 것과 같은 헝겊을 찾아보라고 합니다.

⑤ 첫 번째 헝겊을 탁자 위에 놓고, 다른 것을 만져보게 하고는 "이 것이 같은 것이니?"라고 물어봅니다. 만약 아이가 같은 것이라고 대답하면 처음에 놓은 헝겊의 오른쪽에 놓습니다. 아니라고 답을 하면 상자 안에 넣습니다. 다른 헝겊을 만지게 하고 같은 것인지 물어봅니다.

⑥ 놀이가 끝나면 안대를 풀어주고 손으로 찾은 헝겊들의 짝을 잘 맞추었는지 살펴봅니다.

⑦ 눈으로 정답 확인을 할 수 있습니다.

 네 가지의 헝겊으로 놀이를 했다면 다음에는 다른 종류로 준비해줍니다. 헝겊의 이름을 가르쳐 줄 수도 있습니다. 아이의 촉각이 발달할수록 더 세밀한 차이가 있는 헝겊들로 준비합니다.

# 운동성 발달

## 강제로 하지 않기

아기들은 자유롭게 움직이면서 자기만의 성장 리듬에 맞게 동작과 전반적인 운동성이 발달하게 됩니다.

아기가 더 빨리 발달하기를 바라는 마음에 현재 수준을 뛰어넘으려고 억지로 동작들을 시도해서는 절대 안 됩니다. 예를 들어 강제로 앉히거나 걸으라고 하는 것처럼 말입니다. 아기는 자기만의 성장 속도에 맞추어서 알아서 자라고, 때가 되고 자신감이 생기면 스스로 움직입니다.

아기가 뒤집기를 하거나, 기어다닐 수 있는 능력이 생기거나, 발을 움직일 수 있게 되거나, 양쪽 발로 걸음을 뗄 수 있는 날이 왔을 때 아기 스스로 느끼는 기쁨을 생각해 보십시오.

이 모든 것을 위해서 강요해서는 안 됩니다. 이러한 승리의 쾌감은 아기 스스로 느끼는 것이고, 이를 통해 자신감이 형성되기 때문입니다.

## 방 꾸미기

아이가 스스로 배우고 발달할 수 있도록 방 안에 몇 가지 도구를 설치해주는 것은 강요가 아닙니다.

아기의 발달 능력 획득을 돕기 위해서 아기방의 벽에 가로로 긴 봉과 거울을 달아줄 수 있습니다. 이것을 우리는 '지지대(팔 짚기 봉)와 거울'이라고 합니다.

가로의 봉은 아기의 팔근육 발달과 균형 잡기에 도움을 주고, 이어서 바로 서는 자세를 할 수 있게 도와줍니다. 처음에는 봉이 있어도 아기가 잘 넘어질 것입니다. 가로로 긴 거울을 달아주고, 그 밑부분 바닥에는 안전 매트를 깔아주는 것이 좋습니다.

거울을 통해 아기는 스스로 수직으로 서서 가로로 이동하는 모습을 볼 수 있습니다. 이러한 이유로 거울과 봉은 충분히 길어야 하고 아기의 높이에 맞게 설치되어야 합니다.

아이의 발달을 돕기 위해 아기계단 매트를 설치해 줄 수도 있습니다. 또한 세 개의 봉이 두 축에 가로로 달려있는 형태의 구조물은 아이가 서는 동작과 조금씩 걷는 것, 균형잡는 것을 도와줍니다.

아기의 다리에 힘이 생기면 카트(아기용 손수레)를 준비해줍니다. 다만 아기가 자기보다 무거운 도구를 흔들지 않는다는 조건에서 사용해야 합니다. 이는 아이를 지탱해주어 걸으면서 앞으로 나아가는 동작을 할 수 있게 도와줍니다. 이러한 보조 기구들이 아이의 움직이려는 노력을 돕고, 끈기와 성장의 기쁨을 느끼게 하며, 서서 걷는 길로 들어서게 하여 심리적으로도 성장시켜 줍니다.

또한 일반적인 계단에 안전 장치를 설치해주는 것도 아이의 발달을 돕습니다.

마리아 몬테소리는 아이가 걷기 시작하면 오랫동안 걸어볼 수 있는 장소로 데리고 가서 걸음의 기술을 연마하게 하라고 했습니다. 걷는 능력은 기회와 환경, 아이의 의지에 따라 각 개인마다 다르게 생깁니다.

아이가 혼자 걷기 시작하면 아이를 뒤에서 잡고 당길 것을 준비합니다. 이를 통해 뒤에서 방해가 있어도 앞으로 전진하는 것을 훈련할 수 있으며, 카트를 사용하면 대근육과 걸을 때 균형감각을 발달시킬 수 있습니다.

마리아 몬테소리는 움직임의 중요성에 대해 피력했습니다. 의사로서 발달의 신체적인 면과 생리적인 면을 연구하여, 인간은 몸과 마음이 조화를 이루는 집합체라고 설명했습니다.

걷기, 달리기, 계단 기어오르기 등 아이가 얻은 능력에 대한 자신감을 지속하려면 아이가 넘어지거나 다쳤을 때 어른이 어떤 반응을 보이느냐가 중요합니다.

# 소근육 발달

## 손의 주요 역할

마리아 몬테소리는 손이 물질적인 것을 잡는 기관인 것처럼 감각은 외부 세계의 모습을 파악하게 하고, 지능 발달에 필요하다고 보았습니다. 그러나 손과 감각은 이런 단순한 기능 이상으로 발달할 수 있습니다. 그래서 지능을 발달시키는 교육은 이 두 가지를 완벽하게 사용할 수 있도록 하는데 큰 비중을 둡니다.

몬테소리에 따르면 지성은 '손-뇌-손'의 반복을 통해서 형성됩니다. 사물을 작동할 때 손은 뇌가 보내는 정보를 받아 작동합니다. 손은 이어서 새로운 정보를 만들고 현실세계와 접촉하면서 지성이 형성됩니다.

아이들의 손은 작은 물건을 집거나 새로운 모양을 만들어 내는 것처럼 다양한 느낌이 필요합니다. 이 모든 놀이를 통해 아이는 새로운 세상을 이해하게 되고, 재미를 느끼며, 스스로에 대한 자신감이 형성됩니다.

## 적응 발달 놀이

아래의 활동들은 아이가 손을 점점 더 세밀하게 움직일 수 있는 능력을 발달시키는 놀이입니다. 아이가 공을 구멍 속에 넣거나, 저금통에 동전을 집어넣거나 실에 구슬을 꿰어보는 놀이들을 할 수 있도록 어른이 준비해줍니다.

이때는 아이가 손으로 만질 수 있는 장난감들을 준비해주는 것이 중요합니다.

- 모빌
- 딸랑이
- 원목 아기체육관
- 공
- 고리 끼우기 장난감
- 넣기 상자
- 어른과 함께하는 일상생활 놀이 준비물

모빌은 낮은 높이에 달아 주어야 하는데 이는 아기가 손으로 만질 수 있어야 하기 때문입니다. 처음에는 아기가 어설프게 만질 테지만 조금 지나면 모빌을 잘 가지고 놀게 됩니다. 아기가 자기 스스로 모빌을 움직이게 할 수 있다는 사실을 안다면 얼마나 기쁠까요? 이러한 이유로 전기를 통해 자동으로 움직이는 모빌을 사용하는 것은 좋지 않습니다. 전동 모빌을 사용할 경우에는 아기가 수동적이게 되고, "나는 내 손을 움직여서 모빌을 흔들거리게 할 수 있어"라는 기쁨을 느끼지 못하게 되는 것입니다.

아기체육관도 위와 같은 이유로 손을 움직이는 능력을 키우는 중요한 장난감입니다. 아기는 아기체육관에 달려있는 물건들을 잡으려고 노력하고 움직여보려고 하며, 이를 통해 지능 발달에 꼭 필요한 능력, 인과관계에 대한 이해력이 생깁니다.

아기가 앉는 능력이 생기면 몬테소리 나무 상자를 보여줍니다. 이는 '넣기 상자'라고 하고, '영속성 상자'라고 하기도 합니다. (3부 72~73쪽 '넣기 상자' 참고)

이 상자는 아래와 같은 것을 돕습니다.

- 스위스 인지발달 심리학자 피아제(Piaget)가 정의 내린 '대상 영속성'을 인지하게 합니다.

- 인과관계를 성립하고, 논리적 사고능력이 생기기 시작합니다.
- 집중하게 합니다.
- 눈과 손의 조작을 섬세하게 합니다.
- 모양에 대해 이해합니다.

이 상자는 총 세 가지의 형태가 있는데 놀이를 할 때는 한 번에 한 가지씩만 합니다. 아이에게 한 가지 놀이에 한 가지 어려움만 주고 절대 여러 가지 시험을 한꺼번에 하지 않는 것이 몬테소리 교육의 철칙이기도 합니다.

- 첫 번째 형태는 상자에 나 있는 동그란 구멍에 공을 집어넣어 숨기는 것입니다. 상자 안에는 서랍이 있어서 이것을 열면 집어넣은 공이 다시 나타납니다.
- 두 번째 형태는 여러 가지 모양의 도형 조각이 있고, 각각의 모양과 일치하는 구멍이 있어 끼워 맞추는 것입니다. 한 개의 상자 안에 여러 구멍이 나 있을 수도 있고, 여러 개의 상자에 다수의 구멍이 나 있을 수도 있습니다.
- 세 번째 형태는 아이가 손에 힘을 주거나 손가락과 손목을 조작해서 도형을 집어넣는 것입니다.

아이가 자라면 퍼즐을 준비해줍니다. 처음에는 단순한 도형을 끼우는 것으로 시작하는 것이 좋고, 나중에는 정육면체, 구형, 타원체 등 입체형을 맞추어 볼 수 있습니다.

고리 모양의 도형을 봉에 끼우는 형태의 놀이로 넘어갑니다. 이는 손목을 더욱 복잡하게 움직일 수 있는 능력을 키워줍니다.

이 모든 교육도구들을 사용함으로써 아이들의 손동작은 능수능란해집니다. 우리는 이 교육도구를 아이 앞에서 사용해 보일 때 엄지손가락, 집게손가락, 가운뎃손가락을 (글씨를 쓸 때처럼) 모아서 조심스럽게 잡은 다음 신중하게 끼우는 모습을 보여줍니다.

## 일상생활 영역 놀이

약 15개월이 되면 아이들은 손을 자유자재로 움직일 수 있게 되고 어른들의 행동을 따라할 준비를 합니다. 이때 아이들은 자기가 좋아하는 대상, 자기를 잘 참아주는 대상, 자신감을 주는 대상과 함께 있는 것만 좋아합니다. 이제 우리가 아이에게 보여줄 놀이는 일명 '일상생활 영역 놀이'라고 합니다.

마리아 몬테소리는 아이가 15~18개월 정도가 되면 어른의 일상생활에서 벌어지는 일들 중 간단한 것들을 같이 해 보라고 제안했습니다. 아이들은 어른이 하는 행동을 따라하는 것을 좋아하기 때문입니다. 부모들은 아이의 흥미와 능력에 따라서 어른들이 일상에서 하는 일들을 아이와 같이 해 보도록 합니다.

- 상 차리기
- 장 본 물건 정리하기
- 빨랫감을 종류별로 분류하기
- 빨래하기
- 거울 닦기
- 꽃병 윤내기
- 꽃다발 만들기
- 구두나 금속으로 된 물건 광내기
- 비질하기
- 수건 접기

　위와 같은 놀이들은 가짜 모형이 아닌 실제 물건들로 해야 합니다. 다만 가볍고 작은 물건들이 적당합니다. 집안을 정리할 때는 간단하고 깨끗한 방법으로 정돈하고, 정렬 순서는 왼쪽에서 오른쪽으로 합니다. 아이는 이 규칙을 자기만의 방식으로 머릿속에 잘 기억해 둘 것입니다.

　이러한 놀이들은 처음과 끝이 있고, 반복할 수 있습니다. 아이들은 순서에 맞게 놀이를 해야 하고, 순서를 지키다 보면 익숙해집니다.

　일상생활 영역 놀이는 아이의 자립심을 키워주기도 합니다. 놀이를 곧바로 하기 전에 어른이 먼저 여러 번 연습을 해야 합니다. 준비가 되면 준비물들을 우드트레이에 담아 마련해 두고, 아이에게 놀이하는 방법을 시연할 때는 아주 천천히 반복해서 보여주어 아이가 동작 하나하나를 잘 익힐 수 있도록 합니다.

　아이가 조금 더 자라면 소근육이 더욱 발달하여 족집게로 렌틸콩을 잡아 구멍에 집어넣기와 같은 세밀한 움직임도 할 수 있게 됩니다. 또한 아이들은 수저, 스포이트, 빨래집게 등 각종 도구들을 활용한 놀이도 할 수 있습니다.

## ✿ 꽃꽂이하기

**준비물**

- ◆ 우드트레이 1개
- ◆ 꽃병 1개
- ◆ 물통 1개
- ◆ 가위 1개
- ◆ 작은 그릇 1개
- ◆ 꽃 여러 송이

**방법**

① 탁자 위에 우드트레이를 놓습니다.

② 물통을 들고 싱크대로 가서 물을 받아옵니다.

③ 물을 꽃병에 붓습니다.

④ 꽃 한 송이를 잡고 줄기의 아랫부분을 자릅니다.

⑤ 잘려나간 부분은 작은 그릇에 놓습니다.

⑥ 줄기를 다듬은 꽃은 꽃병에 넣습니다.

⑦ 아이에게 다른 꽃을 가지고 방금 어른이 한 것처럼 해 보라고 합니다.

만약 아이가 이미 꽂혀 있는 꽃을 가지고 이 놀이를 해 보고 싶어

한다면, 꽃병을 씻을 솔이 추가로 필요합니다.

✏️ 더 알아보기

만 3세가 되면 아이는 자기가 살고 있는 주변 환경을 혼자서 정돈할 줄 알게 됩니다. 다시 말해서 비질을 한다거나 먼지를 털 수 있고, 식탁을 닦을 수 있으며, 꽃을 꺾어 꽃다발을 만들거나 식물을 보살필 수 있습니다.

# 집중력 발달

아이의 발달에 반드시 필요한 능력 중 하나가 집중력입니다. 이는 갓난아기 때부터 모빌을 설치해주어 오랫동안 집중해서 관찰할 수 있는 환경을 만들어주면서 시작됩니다.

이어서 아이가 팔을 움직여 물건을 건드려 볼 때가 되면, 그동안 자기가 집중력을 가지고 관찰하던 물건을 스스로 손과 팔을 움직여서 흔들리게 한다는 사실을 깨닫게 됩니다. 그리면서 우연히 발견한 움직임을 다시 해 보기 위해 엄청난 집중력을 발휘해 계속 시도해 볼 것입니다.

마찬가지로 딸랑이, 특히 고리 모양의 딸랑이를 달아주면 아기가 집중력을 쏟아 관찰하면서 손으로 그것을 잡아보려고 애를 씁니다. 그리고 신생아들은 흑백 그림 또는 흑백 책을 오랫동안 뚫어지게 쳐다보면서 집중력을 키워갑니다.

여러 물건이 달린 아기체육관 형태의 장난감은 아이의 집중력 발달에 도움이 됩니다. 오랫동안 강한 집중력을 보이는 아이들은 어떤 것을 배울 때 훨씬 쉽게 익히며, 이는 자신감 발달로 이어집니다.

집중력은 모든 학습에 필수 요소이고 이는 학교 공부는 물론이고, 일상에서 말을 하거나 운동을 하거나, 게임을 할 때도 필요한 능력입니다. 집중력이 있으면 삶이 훨씬 쉬워지고, 재능을 향상시켜 펼치게 합니다.

우리가 앞서 살펴본 교육도구들은 집중력 발달에 유용한 것들로, 특히 넣기 상자나 일상생활 놀이 준비물 등은 아이가 오랫동안 집중할 수 있게 합니다.

어린이집이나 유아원 등 아이들을 돌보는 기관에서 이 같은 놀이 도구를 사용하는 것이 좋으며, 양육자들은 아이가 원하는 만큼 반복해서 놀이를 하게 하고, 방해하거나 간섭하지 않는 것이 집중력 발달에 좋습니다.

# 창의력 발달

아이의 자신감 발달에서 매우 중요한 잠재력 중 하나가 창의성입니다. 창의적인 아이는 살아가다가 문제를 마주쳤을 때 해결책을 잘 찾습니다. 창의력이 높은 아이는 맞닥뜨린 문제의 원인이나 현상에 집착하지 않고 항상 이 상황을 어떻게 해결해 나갈지를 생각하며, 목적 달성을 위한 새로운 길을 찾아냅니다.

어려운 상황이나 슬픈 일을 겪을 때, 절박한 상황에 놓여도 창의성이 있다면 더 좋은 상황을 생각해내는 방법을 알게 될 것입니다. 이런 아이들은 현재를 살아가면서도 자기 눈앞에 있는 것만이 아닌 다른 것도 있다는 사실을 알고 있습니다. 이런 능력을 가진 아이는 살아가는데 새로운 길을 생각할 줄 알기 때문에 다른 환경에서 살아갈 준비가 되어 있습니다.

창의성은 현실에 안주하지 않게 하고, 현실을 개척하는 주체가 되게 해줍니다. 그리고 삶을 스스로 창조하여 건설하게 하고, 자립적인 사람이 되게 합니다. 물론 자기 수준에 맞는 선에서이지만, 나름대로 스스로의 삶을 건설할 수 있는 아이들은 자신감을 크게 키울 수 있습니다.

## 창의력은 어떻게 키우는가?

아이에게 해결책을 먼저 주지 않도록 합니다. 논리를 먼저 알려주거나 주입해도 안 됩니다. 아주 어리더라도 말입니다.

아이가 놀이나 학습을 시작하면 어른은 놀이 시연을 아주 천천히 해 보여주어야 하는데 이는 아이가 이런 동작에 익숙해지게 하기 위한 것이고, 이를 통해 아이의 손으로 잘 따라해 보게 할 수 있기 때문입니다. 놀이를 한 번 실행해서 보여주고 나면 아이가 원하는 만큼 계속해서 놀이를 할 수 있다고 말해줍니다.

아이가 놀이하는 모습을 관찰해보면 처음에는 제대로 성공하지 못할 수 있습니다만, 어른이 나서서 대신 해주고 싶은 욕구를 참아야 합니다. 어른으로써 아이를 도와주고 싶은 마음이 들겠지만 어른이 개입하면 문제의 해결책을 스스로 찾고자 하는 아이의 창의력 발달을 방해하게 됩니다. 아기도 위에 달려 있는 장난감을 어떻게 하면 자기 가까이로 오게 하는지 스스로 깨닫습니다. 바닥에 배를 깔고 있는 어린 아기도 자신의 손이 닿는 곳 너머에 있는 장난감 쪽으로 찾아가는 방법을 스스로 깨닫습니다. 아기들이 어떻게 해결책을 찾아가는지를 보는 것은 매우 경이롭습니다. 아기가 스스로 움직여서 목적을 달성하도록 두는 것은 자신감 발달에 큰 도움이 됩니다.

물론 창의력을 키운다고 하루 종일 아이를 내버려 두어서는 안 되겠지요. 무엇이든 적당히 해야 합니다.

실수 관리 역시 아이의 창의력 발달을 돕습니다. 아이가 놀이 전체를 끝까지 하고 나서 실수 관리 과정을 통해 틀렸다는 것을 깨달았다면 정답을 찾아보도록 합니다. 실수 관리를 통해서 왜 틀렸는지를 먼저 알아내고, 창의적인 방법을 통해 정답을 찾습니다. 이때는 아이가 스스로 생각할 시간을 주어야 합니다. 이 과정이 스스로 논리를 찾고 지능 발달에 도움을 주기 때문입니다.

수학을 배우는 놀이를 할 때도 마찬가지입니다. 계산을 할 때는 정답을 찾는 지름길을 먼저 가르쳐 주지 말고, 놀이를 하는 방법을 반복해서 보여줍니다. 그리고 잠깐 생각하게 한 다음, 아이가 스스로 해 보고 싶은지 물어봅니다.

다음에는 아이가 혼자서 해 보도록 합니다. 아이가 스스로 연습을 하고, 정답이 맞는지 실수 관리를 하며 정답에 이르는 길을 자신의 힘으로 찾아내게 됩니다. 아이에게 스스로 창의성과 논리를 찾아가도록 하다 보면, 가끔 우리 어른들이 미처 생각하지 못한 새로운 길을 열어 나가기도 합니다.

창의성은 예술 관련 놀이, 특히 그림이나 음악 놀이를 통해서 발달하기도 합니다. 음감벨을 사용하면 아이가 스스로 작곡을 해 볼 수 있습니다.

아이가 스스로 작곡을 해 보는 놀이들이 많이 있습니다. 스스로 음악을 만들어 본다는 것이 아이에게 얼마나 큰 행운일까요? 자기가 만든 음악을 친구들과 함께 연주해 보았을 때 아이는 큰 자신감을 느낄 것입니다.

예술은 아이의 창의력 발달에 큰 역할을 합니다. 이 때문에 아이의 주변 환경에서 예술을 접하는 기회가 있어야 합니다. 도화지, 여러 색의 사인펜과 크레파스, 물감, 찰흙, 밀가루 반죽, 지점토 등 아이의 주변에서 예술적으로 창의성을 발휘하는데 필요한 것들을 찾을 수 있어야 합니다. 아이가 가지고 놀고 싶어 할 때는 언제든지 놀 수 있게 해야 하지만 놀잇감을 한꺼번에 주어서는 안 됩니다.

몬테소리 교실에서는 아이들의 창의력 발달에 필요한 교육도구를 사용합니다. 하지만 창의력 발달이라는 구실로 아무거나 마구잡이로 가지고 노는 것을 허락하지는 않습니다. 몬테소리 교육도구들은 몬테소리 여사가 과학적으로 고안한 것으로 놀이의 목적이 명확하기 때문에 교육도구를 다른 방식으로 사용하면 목적 또한 바뀌게 되기 때문입니다.

창의력이 강한 아이들은 자신감도 아주 강해집니다. 이것은 다른 능력들과 마찬가지로 어릴 때부터 성장할 수 있고, 한번 생기면 살아가는데 아주 유용합니다.

아이들은 모든 종류의 언어와
여러 가지 표현 방법을 배우는데 열려 있다.
한 가지 말로는 아이의 분출하는 호기심을 만족시킬 수 없다.

– 마리아 몬테소리

# 7부

## 언어는 때에 맞춰

# 성숙의 초석

## 소통하기

신생아부터 만 6세까지 아이들은 언어의 민감기를 거칩니다. 이 기간 동안에 아이들은 단어를 듣기, 소통하는 것, 읽는 것, 자기만의 단어를 만들기, 쓰기, 다른 나라 말을 해 보는 것 등 언어와 관련된 모든 활동에 재미를 느낍니다.

풍성한 어휘력을 가지기 위해서는 제대로 된 구문으로 문장을 구성할 줄 알아야 합니다. 아이가 보고 느끼고 말하고 싶은 것을 표현할 줄 아는 능력은 자신감 형성에 매우 중요한 요소입니다. 자신이 하고 싶은 말을 정확한 단어로 표현할 수 있게 되면 아이의 삶이 훨씬 수월해질 것입니다.

어른이 말해주는 단어를 아이가 이해하는 능력도 자신감을 키우는데 중요합니다. 주변에서 일어나는 일, 어른이 아이에게 무슨 행동을 할지, 어디로 갈지, 부모가 어디로 갔고 어디에 있는지 등을 이해하면 아이가 당황하지 않게 되며 이는 자신감 발달에도 도움이 됩니다.

## 욕구불만

원하는 것을 말로 표현하는데 어려움을 겪는 아이는 욕구불만 상태가 됩니다. 어린이집이나 유아원에서 보면 다른 친구를 자주 때리거나, 밀어 넘어지게 하거나, 거칠게 흔들거나, 남을 무는 아이들을 볼 수 있습니다. 이러한 폭력성의 원인은 주로 소통의 부재에서 비롯됩니다. 아이가 표현하고 싶은 것을 언어로 표현하지 못할 때, 자신이 표현하고자 하는 것을 어른이 이해하지 못할 경우에 아이는 이러한 상태가 됩니다.

갓난아기 때부터 욕구불만은 시작됩니다. 아기는 말을 할 줄 모르므로 움직이거나 손가락으로 원하는 것을 가리키는데, 무엇을 원하는지 어른이 알아차리지 못하면 아기는 신경질을 내거나 화를 내기까지 합니다.

# 어른부터 제대로 말해야

아기가 신생아이더라도 어른은 아기에게 많은 말을 해주어야 합니다. 이는 아이가 어릴 때부터 지적인 대화를 배우는 기초가 형성됩니다.

부모의 수다스러움은 어른이 아이에게 쏟는 관심과 연관이 있습니다. 양육자가 아기의 기저귀를 갈아주거나, 옷을 갈아입히거나, 씻기고 몸을 단정하게 할 때에 아이에게 말을 해주는 것이 좋습니다. 간단한 단어를 사용해 사물이나 행동의 이름을 알려주면 됩니다. 이때 주의할 것은 아이와 마주 본 상태로 이야기하고, 혼잣말이 아닌 아이가 들을 수 있게 말을 해야 합니다.

아이의 언어능력 발달을 돕기 위해서는 어른이 단어를 명확하게 발음해야 하고, 문법도 최대한 정확하게 말하려고 노력해야 하며,

풍성한 어휘를 사용할 줄 알아야 합니다.

아기 때 듣는 단어들의 질은 언어능력의 질과 직결됩니다. 가장 중요한 것은 아이에게 직접적으로 전달되는 단어들만이 중요하다는 점입니다.

아기는 말하기를 할 때나 주위의 실제 세계와 관련하여 (물건을 보여주며 말하기, 몸짓으로 설명하기 등) 어른과의 상호 작용이 필요합니다. 예를 들어 아기와 함께 책을 읽을 때, 대상을 손가락으로 짚어가며 이름을 말해주어야 합니다. 그렇게 함으로써 아이는 모든 사물에 자기만의 이름이 있다는 것을 깨닫게 됩니다. 또한 아이들은 반복을 통해 배웁니다.

아기가 어릴 때부터 제대로 된 말로 아이에게 말해야 합니다. 아기가 너무 어리다는 이유로 유아어처럼 단순화된 단어를 사용하면 안 됩니다.


만으로 약 12개월이 되면 아이는 자기만의 언어로 말을 하기 시작합니다. 이때 아이의 이러한 시도에 응원과 격려를 아끼지 않아야 합니다.

단어를 풍성하게 배울 수 있도록 책이나 동요 등을 활용할 수 있습니다. 이때 아이가 좋아하는 주제로 시작하는 것이 좋습니다. 예를 들어 동물과 동물의 울음소리, 먹을 것, 사람의 몸, 교통수단 등을 사용하면서 한글이나 알파벳 판을 가지고 알려줄 수 있습니다.

아이가 원하는 것을 어른이 추측하면 안 됩니다. 아이가 원하는 것이 무엇인지 물어보아야 합니다. 또 어떤 대상을 보고는 아이가 원하는 말을 해 보게 하고, 어른이 먼저 가르쳐 주려 하지 않아야 합니다. 물론 아이가 전혀 모르거나 시간이 너무 많이 걸리면 가르쳐 주어야 할 것입니다.

한 대상의 이름을 가르쳐 줄 때는 추상적인 단어 대신 정밀한 표현을 써야 합니다. 예를 들어 떡갈나무를 보고 '떡갈나무'라고 가르쳐 주어야지 '나무'라고만 가르치면 안 됩니다. 어른이 아이에게 제대로 된 단어를 가르치면 아이의 표현력이 더 좋아집니다.


만 12개월에서 18개월까지는 한 번 들려준 단어를 반복해서 들려주는 것이 좋습니다. 예를 들어 "옳지, 이건 우유야"와 같이 말입니다. 이를 통해 어른이 아이에게 말하고 있는 대상이 무엇인지 아이가 이해하게 됩니다. 또한 아이는 자기가 말하는 것의 중요성과 말하려고 시도한 노력의 결과를 깨달을 수 있습니다.

아이가 하고자 하는 말에 단어를 추가하면서 대답을 해주는 것도 좋은 방법입니다. 예를 들어 아이가 만약 "사과"라고 말했을 때, "그렇지. 이것은 예쁜 사과지"라고 대답하고, 아이가 "예쁜 사과"라고 말하면 "그래. 너는 예쁜 사과를 먹고 있지"라고 말해줍니다.

아이가 18개월에서 24개월 사이의 시기가 되면 문장을 점점 길게 만들면서 단어를 추가해주는 것이 중요합니다.

집에 있는 물건들이나 집 주변을 산책할 때 보이는 것들을 가지고 아이의 주의를 끌고, 이름을 가르쳐 줍니다. 아이가 흥미롭게 보고 있는 대상의 이름을 가르쳐 주고, 가르쳐 준 이름을 아이가 따라했을 때는 큰 칭찬을 해주어야 합니다. 하지만 절대로 가르쳐 준 이름을 말해보라고 강요해서는 안 됩니다.

만 2세에서 3세 사이에는 반드시 아이가 말하는 것들에 대해 어른이 관심을 보여주어야 하고, 올바른 문장을 반복적으로 접하게 해주는 것이 좋습니다. 그리고 단순한 문장에 살을 붙여가며 풍성하게 하는 것을 알려주어야 합니다.

아이에게 말하는 것은 아이의 어휘력 발달에도 도움이 되지만, 주변에 있는 사물들의 역할을 파악하게 해줍니다. 예를 들어 칫솔을 보여주면서 "이것은 칫솔이야. 너는 이 칫솔로 이를 닦지"라고 알려주는 방식입니다. 그리고 이 시기에는 책이 어휘력 발달에 중요한 역할을 합니다.

만 2세부터는 예절을 배울 수 있습니다. 아이에게 '주세요', '고맙습니다', '죄송합니다'와 같이 예절 바른 말을 쓰도록 가르쳐야 합니다. 아이가 아무렇게나 말하지 않도록 주의해야 하며 어른이 본을 보입니다.

몬테소리 학교에서는 이를 예의범절 교육이라고 합니다. 아이가 사회 안에서 올바른 태도로 행동하는 것에 대해 자부심을 가지는 시기이므로 이때 이러한 예의 바른 말을 할 수 있는 기회에 많이 노출하도록 합니다.

# ☆ 물건 바구니

**적정 연령 : 만 1세부터**

**준비물**

◆ 실생활에서 볼 수 있는 물건(과일, 채소, 주방기구, 조개껍질 등을 각각 한 쌍
으로 여러 가지를 준비합니다.)

◆ 각 카테고리별로 4~5쌍씩 준비합니다.

◆ 바구니 또는 우드트레이 1개

**방법 1**

① 아이에게 "오늘은 채소에 대해서 배워볼 거야. 너는 채소를 좋
아하니?"라고 물어봅니다.

② 바구니에서 채소를 하나 골라 집고, 만져보고, 냄새를 맡아본 후
아이에게 줍니다.

③ 아이에게 같은 채소를 바구니에서 고를 수 있는지 물어봅니다.

④ 채소 한 쌍을 매트나 탁자 위 한쪽에 놓습니다.

⑤ 다른 채소로도 계속해 봅니다.

⑥ 다 하면 채소 하나를 골라 이름을 말해주고 바구니에 넣습니다.

⑦ 아이에게 방금 넣은 채소와 같은 것을 골라 넣어 보라고 합니다.
이때 채소의 특징에 대해서 말해줄 수 있습니다.

⑧ 다른 종류의 물건들로 이와 같이 쌍을 맞추어 봅니다.

**방법 2**

① 채소를 하나 고릅니다.

② 채소를 손에 들고 이름을 말해줍니다.

③ 매트 위에 올립니다.

④ 다른 채소도 똑같이 합니다.

⑤ 처음에 본 채소와 같은 것을 찾을 수 있는지 물어봅니다.

⑥ 다른 채소도 똑같이 해 봅니다.

⑦ 바구니에 있는 채소를 하나 골라 보여주면서 매트 위에 있는 채소들 중에서 같은 것을 골라보게 합니다.

⑧ 아이에게 채소를 하나 골라 바구니에 넣어 보게 합니다.

⑨ 바구니에 넣고 나면 채소의 이름을 말해줍니다.

**목적**

• 어휘력을 발달시킵니다.

• 대상을 만져보면서 익힐 수 있습니다.

아이가 알고 있는지를 다시 물어볼 필요는 없습니다. 이 나이의 아이들은 암기나 반복을 통해서 배우는 것이 아니라 흡수하면서 배우기 때문입니다.

# ✿ 장난감 모형을 담은 바구니

**적정 연령 : 만 1세부터**

**준비물**

◆ 동물, 교통수단 등의 장난감 모형을 같은 것 2개씩 쌍으로 준비합니다.

◆ 상자 또는 우드트레이 또는 바구니

**방법 1**

① 동물 모형을 하나 고릅니다.

② 아이에게 주어 만져보게 하고, 매트 위 한쪽에 놓습니다.

③ 우드트레이 또는 바구니에서 같은 동물을 찾아보게 합니다.

④ 아이가 고른 동물을 먼저 주었던 동물 모형의 왼쪽 옆에 둡니다.

⑤ 다른 모형으로 똑같이 해 봅니다.

⑥ 모든 모형이 매트 위에 놓이면 아이에게 동물을 하나 골라서 원래 자리에 넣으라고 합니다.

⑦ 모든 모형을 넣습니다.

**방법 2**

① 동물 모형 중 하나를 집어 이름을 말해주고 매트 위에 놓습니다.

② 다른 동물들도 똑같이 합니다.

③ 뒤에 설명할 3단계 교육법을 활용해 가르쳐 줍니다. 말이 어디에 있는지, 강아지가 어디에 있는지 짚어 보라고만 하고, 대상을 짚으면서 이것이 무엇이냐고 물어보지는 않습니다. 이런 질문에 대답을 하기에는 너무 어렵습니다.

④ 끝나면 아이에게 모형들을 정리하라고 합니다.

**목적**

• 어휘력을 발달시킵니다.

• 모형이 현실을 반영할 수 있다는 것을 이해할 수 있습니다.

# ☆ 모형과 카드 바구니

**적정 연령 : 만 1세부터**

**준비물**

◆ 모형과 각 모형에 맞는 그림이 나타나 있는 카드

◆ 바구니, 상자, 또는 우드트레이

**방법**

① 바구니에서 준비물들을 꺼냅니다.

② 모형의 이름을 말해주면서 아이 앞 매트 위에 놓습니다.

③ 다른 모형들을 첫번째 모형의 오른쪽으로 한 줄로 놓습니다.

④ 카드를 하나 골라 "이것은 사자 그림이야"라고 말합니다.

⑤ 그림 카드를 매트 위에 놓고, 그림에 나와 있는 모형을 고릅니다.

⑥ 모형을 그림 위에 놓습니다.

⑦ 다른 동물도 똑같이 합니다.

**목적**

• 어휘력을 발달시킵니다.

• 모형이 현실을 반영할 수 있다는 것을 이해할 수 있습니다.

# ☆ 카드를 담은 바구니

**적정 연령 : 만 12~14개월**

**준비물**

◆ 같은 그림이 그려져 있는 카드(쌍으로 준비하되, 처음에는 3~4쌍으로 동물, 가구, 색깔, 교통수단, 유명 화가의 그림 등 다양한 주제로 준비합니다.)

◆ 우드트레이 또는 바구니

**방법**

① 카드를 꺼내 아이 앞 매트 왼쪽에서 오른쪽 순서로 놓습니다.

② 카드를 하나 골라 매트 위에 올려놓으며 그림의 이름을 말해줍니다. "이것은 당근이야"라고 말합니다.

③ 아이에게 같은 그림을 찾을 수 있는지 물어봅니다. "당근 그림을 찾을 수 있겠니?"라고 합니다.

④ 아이가 찾으면 "당근 그림을 잘 찾았구나"라고 말해주면서, 먼저 놓은 카드의 오른쪽에 놓습니다.

⑤ 다른 카드들도 계속해서 짝을 맞추어 봅니다.

이 놀이를 통해 어휘력을 발달시키고, 모형이 현실을 반영할 수 있다는 것을 이해할 수 있습니다.

# ☆ 예술 작품으로 어휘 익히기

**적정 연령 : 만 14~16개월**

**준비물**

◆ 예술가의 초상화와 각각의 작품이 나타나 있는 카드 여러 개

◆ 카드를 넣을 상자

◆ 매트 또는 탁자

◆ 예술가의 초상화는 각 예술가마다 1개씩 준비합니다. 예를 들어 반 고흐, 앤디 워홀 등입니다. 각 예술가의 작품이 나타나 있는 카드는 약 5개 정도 준비합니다. 그림은 인터넷에서 쉽게 구할 수 있습니다.

**방법**

① 아이를 놀이에 초대합니다.

② 카드를 매트나 탁자 위에 놓고, 어른은 아이 옆에 앉습니다.

③ 반 고흐 얼굴이 있는 카드를 집어 아이에게 보여주면서 "이것은 반 고흐야"라고 말해주고, 탁자나 매트 위 왼쪽에 놓습니다.

④ 반 고흐의 작품을 보여줍니다. 예를 들어 〈해바라기〉를 보여주면서 "이것은 반 고흐가 그린 〈해바라기〉라는 그림이야"라고 말해줍니다.

⑤ 반 고흐의 다른 작품도 같은 방법으로 소개합니다.

⑥ 이제는 앤디 워홀과 그의 작품을 배워봅니다. 앤디 워홀의 초상

화 카드를 반 고흐 초상화 카드의 오른쪽 옆에 놓습니다. 반 고흐와 앤디 워홀의 스타일이 매우 다르다는 것을 말해줍니다. 앤디 워홀의 작품들 이름을 말해주면서 초상화 카드 밑으로 한줄로 놓아둡니다.

⑦ 아이가 관심이 있다면 카드를 섞어서 다시 시작합니다. 관심이 없다면 정돈합니다.

 **더 알아보기**

- 나중에 이 놀이를 한 번 더 한다면 반 고흐와 앤디 워홀 초상화 카드를 탁자나 매트 위쪽에 놓습니다.
- "내가 반 고흐의 작품을 찾고 있는데…"라고 하면서 아이가 찾아보게 합니다.
- 아이가 찾지 못하면 "아, 여기 <해바라기>가 있네"라고 찾아주고, 아이가 계속해서 관심이 있다면 스스로 찾아보게 합니다.

**목적**

- 어휘력을 발달시킵니다.
- 예술가와 그의 작품을 연결 지을 수 있습니다.

- 예술가와 그의 작품 이름을 말해주면서 시각 효과를 곁들인 배경 안에서 새로운 어휘를 가르칠 수 있습니다.

# 3단계 교육법

몬테소리 교육에서는 새로운 단어를 배울 때 '3단계 교육법'을 사용합니다. 이 교육은 아이에게 개별로 진행됩니다.

부모들은 이 방법으로 아이를 가르칠 수 있으며, 아이가 아주 어릴 때부터 사용할 수 있습니다. 어린 아기에게는 3단계 중 1단계와 2단계에만 초점을 맞추고, 만 3세 이상이 되면 3단계를 모두 사용합니다. (물론 아이가 끝까지 집중할 때 가능합니다.)

어린 아이들에게는 3단계 교육법을 동물이나 가구 모형, 꽃, 색깔, 자동차 모형, 동물 그림이 그려져 있는 퍼즐로 할 수 있습니다.

## : 1단계

**정확한 낱말**(명사) **교육 및 해당 어휘와 시각적 인지 조화**

교육자는 다른 어떤 말도 덧붙이지 말고 단어만 말해줍니다. 낱말을 말해줄 때는 명확한 목소리로 또박또박 말해주어야 아이도 각각의 낱말을 이해할 수 있습니다. 예를 들어 아이에게 송아지나 돼지를 말해준다면, "돼지 - 돼지", "송아지 - 송아지", 숫자를 말해준다면 "넷 - 넷", "다섯 - 다섯"과 같이 반복해서 띄어 말해줍니다.

3단계 교육법은 사물 또는 추상적인 것과 이것들을 의미하는 낱말의 조합을 알아가는 것이며, 낱말과 대상을 떠올리게 하고, 대상을 보면 낱말을 떠올리게 해야 하므로 한 번에 한 단어씩 명확하게 말해주어야 하는 것입니다.

## : 2단계

### 낱말과 이에 해당하는 대상의 식별

교육자는 교육 목적을 달성했는지 시험해 볼 필요가 있습니다.

첫 번째 시험은 낱말과 사물의 조합이 잘 되어 있는지를 확인하는 것입니다. 이를 위해서는 1단계와 2단계 사이에 시간이 필요하고, 말을 하지 말고 관찰할 필요가 있습니다. 이어서 교육자는 조심스럽게 배운 낱말에 대해 물어봅니다. "송아지를 찾아 보여주세요", "돼지를 찾아 보여주세요"라고 물어보면 아이가 손가락으로 대상을 가리키게 합니다. 이렇게 하면 교육자는 낱말과 대상의 조합이 잘 입력되어 있는지 확인할 수 있습니다.

3단계 교육법 중 2단계가 가장 중요합니다. 이 단계에서 아이는 실제로 배우고, 낱말과 대상의 조합을 찾으며, 기억하게 됩니다. 교육자는 아이가 잘 이해했는지 흥미를 보이고 있는지를 확인하면서, 반복해서 여러 번 질문을 하고, 가끔은 다른 방법으로 질문을 해 볼 수도 있습니다. "송아지를 주세요", "돼지를 골라보세요", "송아지를 감추어 보세요" 등입니다. 질문을 여러 번 반복하면서 가르쳐 준 낱말을 완전히 이해했는지 확인합니다. 매번 반복할 때마다 아이는 들은 낱말에 해당하는 대상을 손가락으로 가리키면서 뇌에 기억을 하게 됩니다.

만약 아이가 주의하지 않거나, 정답을 맞추어 보려고 노력도 하지 않고 틀린 답을 이야기한다면, 정답을 고쳐 가르쳐 주거나 강요하려고 하지 말고 놀이를 중단하고 다음에 하는 것이 좋습니다.

## : 3단계

### 대상에 해당하는 낱말 기억하기

3단계는 1, 2단계에서 한 교육을 확인하는 것입니다. 교육자는 아이에게 물어보아야 하는데, 각 사물은 구분되어야 합니다. 다시 말해 한 번에 한 가지 사물만 보여주며 "이것은 무엇이지?"라고 물어보아야 합니다. 아이가 낱말을 잘 기억하고 있다면 "송아지", "돼지" 등 배운 낱말을 답할 것입니다.

## : 결론

3단계 교육이 끝나면 "오늘 우리는 '송아지'를 배웠어"라며 송아지를 보여주고, "오늘 우리는 '돼지'를 배웠어"라며 돼지를 보여줍니다.

**[빨강, 노랑, 파랑 같은 색깔 이름을 가르치기 위한 3단계 교육법]**

만 2세 정도가 되면 색깔 이름을 가르쳐 줄 수 있습니다. 모양은 같고 색깔이 다른 카드 또는 자동차 모형을 아이에게 보여주면서 "오늘 우리는 세 가지 색깔을 배울 거야"라고 합니다.

1단계 : 각각의 카드를 보여주면서 "이것은 빨간색이야, 빨간색", "이것은 노란색이야. 노란색", "이것은 파란색이야. 파란색"이라고 말해줍니다.

2단계 : "빨간색을 골라보겠니?", "노란색을 골라줘", "파란색을 보여줘"라고 말합니다. 카드를 섞은 다음 이 질문을 여러 번 반복해서 학습합니다.

3단계 : 세 카드를 치우고 한 개만 골라 아이 앞에 놓고, "이것이 뭐지?"라고 물어봅니다. 하나를 마치고 나면 "이것은 무엇이지?"라고 물어보고 치운 다음, 마지막으로 "이것이 무엇이지?"라고 물어봅니다.

아이가 제대로 대답을 하면 세 가지 카드를 아이 앞에 놓고, 빨간색을 손가락으로 짚으며 "오늘 너는 빨간색을 배웠어", 노란색을 짚으며 "오늘 너는 노란색을 배웠어", 파란색을 짚으며 "오늘 너는 파란색을 배웠어"라고 말해줍니다.

며칠 지나서 다른 색 세 가지를 배워봅니다. 다른 색을 배우기 전에 먼저 배운 색깔을 기억하는지 확인하는 것이 필요합니다. 만약 아이가 두 가지만 기억한다면 기억하지 못하는 색깔과 두 개의 다른 색으로 세 가지를 배웁니다.

사물이나 글자, 숫자나 색깔 등 모두 세 가지로 시작합니다. 아주 어린 아기나 장애가 있는 아이(독서 장애, 계산능력 장애, 기타 학습능력 장애)들은 두 가지로만 학습합니다.

# 외국어 배우기

외국어를 배우는 것은 아이의 자신감 발달에 아주 중요한 요소입니다. 또한 여러 가지 언어를 할 줄 알면 사는 것이 더 편리해집니다.

이 능력은 아이가 새로운 소리, 새로운 세계, 색다른 문화와 다른 방식으로 생각하는 법을 알게 하고, 삶의 지경을 넓힐 수 있게 되며, 궁극적으로는 자신감이 발달합니다. 게다가 여러 사람들을 이해하는 능력과 소통하는 힘의 발달은 자신감 발달 중에서도 가장 귀한 것입니다.

어린 아이의 두뇌는 이런 배움에 적합하며, 만 0세부터 6세까지는 외국어를 배우기에 적합한 나이입니다. 반복하여 말하지만 아이가 언어 민감기를 지날 때면 언어와 관련된 모든 것에 흥미를 느끼고 새로운 것을 아주 쉽게 흡수합니다.

가장 이상적인 것은 외국어를 아이가 태어나자마자 접할 수 있는 환경, 특히 부모 중 한 명이 외국어를 하는 가정이 좋습니다. 하지만 이 외국어를 부모가 유창하게 하지 못할 경우는 조금 복잡해집니다. 아이가 외국어로 대화를 시도할 때 부모가 즉각 대답해 줄 수 있는 어휘가 충분하지 않을 수 있기 때문입니다.

그러나 부모가 외국어를 하지 않아도 집에서 외국어 공부를 시키는 것은 가능합니다. 노래, 동요, 영화, 오디오북으로 외국어를 접할 수 있는 환경을 만들어줄 수 있습니다.

외국어 교육을 위해서는 교육 방법을 구성해야 하고 환경을 만들어주어야 합니다. 어른은 테마를 정할 수 있습니다. 색깔, 동물, 가족 구성원, 도형, 옷, 몸, 교통수단, 집, 운동 경기, 숫자, 직업 등입니다. 각각의 테마는 노래나 동요, 책, 예술 활동, 과학 실험 등의 방법으로 접하게 할 수 있으며, 테마를 자꾸 바꾸기 보다는 한 가지 테마를 충분한 시간을 두고 노출하는 것이 중요합니다.

부모의 외국어 억양이 좋지 않더라도 큰 문제는 아닙니다. 아이는 외국어를 말할 때 여러 가지 억양으로, 사람마다 다르게 말할 수 있다는 사실을 배울 수 있습니다. 이러한 사실들이 아이의 흥미를 더욱 크게 할 수 있습니다. 뿐만 아니라 아이는 중요한 단어를 적용하고, 반복하는 것을 즐기게 됩니다.

아이가 자라면 그동안 접한 외국어 교육의 경험이 그 외국어를 쓰는 나라에 대한 호기심으로 이어지고 수많은 것들을 새롭게 배울 수 있게 됩니다. 아이의 지경을 넓히고 이는 세상에 적응하는 능력과 자신감을 키워줍니다.

우리는 외국어 교육기관이나 외국어를 가르칠 수 있는 교사를 찾아볼 수도 있습니다. 이 경우 가장 좋은 것은 아이가 해당 외국어에 완전히 흡수될 수 있는 환경, 즉 아이가 일상생활에서 해당 외국어로 말하고 대답할 수 있어야 합니다. 그래야 아이가 외국어를 쉽게 익힐 수 있습니다.

몬테소리 교육에서 사용하는 감각발달 도구, 단어 카드, 3단계 교육법을 실시하면 아이의 어휘력이 눈에 띄게 발달합니다. 이 방법은 외국어 공부에도 크게 도움이 됩니다.

가장 좋은 것은 매일 반나절 정도는 원어민 선생님과 외국어로만 수업을 하는 것입니다. 욕심내어 두 언어에 노출시키고자 각기 다른 언어를 사용하는 두 명의 선생님을 둘 필요는 없습니다. 특히 아이가 배우는 환경이 같은 교실이나 집이라면 말입니다. 왜냐하면 아이들은 더 잘 이해할 수 있는 선생님하고만 이야기하고 싶어할 것이고, 이 경우 한 가지 언어만 학습 효과가 일어날 것이기 때문입니다.

　점점 더 많은 사람들이 세계를 평화롭게 만드는 힘은 교육에서 나온다고 믿고 있습니다. 교육은 부모가 먼저 시작하고, 어린이집이나 유아원, 이후에 학교로 이어집니다.

　많은 부모들은 더 좋은 교육을 위해서 좋은 교사들이 있는 교육기관에 줄을 서 기다리기도 합니다.

　우리 아이들이 행복한 어른으로 자라고, 훌륭한 가치를 가진 사람으로 자라길 원한다면 양육자는 아이의 미래를 위해서 자신감과 자립심, 창의력, 어휘력 발달을 적극적으로 도와야 합니다.

　이것들의 발달을 위해 이 책에서 언급된 준비물과 놀이들을 아이에게 해줄 수 있습니다. 또한 이보다 더 중요한 것은 바로 사랑입니다.

　모든 것은 신뢰와 조화 속에서 발달되며, 이는 부모와 모든 양육

자로부터 사랑을 받을 때 가능해집니다. 이 사랑이라는 감정은 자신에 대한 신뢰와 양육자에 대한 신뢰, 아이가 커서 앞으로 살아가는 세상에 대한 신뢰의 바탕이 됩니다.

우리가 아이에게 줄 수 있는 사랑의 한계는 없습니다. 하지만 주의해야 할 것은 사랑이 독점, 걱정, 구속을 뜻하지는 않습니다. 과잉보호를 하고자 하는 자연적 본능에 저항해야 합니다. 과잉보호는 아이가 스스로 날개를 펴고 날아가는 것을 방해합니다.

## 우리 아이에게 정말 필요한 것은

· 문중호 지음
· 자녀교육
· 정가 14,000원

학교에서는 교사이자 수업연구부장, 집에선 두 아이의 아빠이기도 한 저자의 특별한 교육 철학이 담겨 있다. 부모의 마음으로 매주 학부모들과 '월요편지'로 소통하는 그는 아이들에게 진정으로 필요한 교육이 무엇인가에 대해 책을 통해 묻는다.

## 기술 중독 사회

· 켄타로 토야마 지음
· 전성민 옮김
· 사회 / 인문
· 정가 15,000원

마이크로소프트 인도 연구소 공동 창립자인 저자는 기술 발전이 인류 운명을 좌우한다는 식의 논리에 반기를 든다. 기술이 아무리 발달해도 인류 행복의 열쇠는 결국 사람이 쥐고 있음을 생생한 사례와 체험을 통해 이야기한다.

## 반성의 역설

· 오카모토 시게키 지음
· 조민정 옮김
· 인문 / 교육
· 정가 13,800원

저자는 교도소에 수감 중인 수형자를 교정지도하고 있는 범죄 심리 전문가다. 그는 수감자와의 상담을 통해 반성의 역설적인 면을 폭로한다. 이를 통해 진정한 반성이 무엇인지에 대한 고찰을 담고 있다.

## 내 안의 마음습관 길들이기

· 수제, 진흥수 지음
· 김경숙 옮김
· 심리 / 자기계발
· 정가 13,500원

생활 속에서 흔히 경험하는 심리 현상을 소개하고, 사람들의 행동에 숨겨진 심리적 원인을 쉬운 언어로 해석했다. 더불어 자신의 마음을 다스리고, 원활하게 사회생활을 해 나갈 수 있는 구체적인 방법을 제시한다.

## 엄마의 감정수업

· 나오미 스태들런 지음
· 이은경 옮김
· 육아 / 자녀교육
· 정가 14,800원

저자는 이상론에만 사로잡힌 기존 육아서의 한계를 지적한다. 육아 분야 베스트셀러 작가이자 심리치료사인 저자가 운영하는 토론 모임에서 나왔던 많은 엄마들의 사례가 공감을 불러일으킨다.

## 경제는 내 친구

· 정광재, 박경순 지음
· 청소년 / 경제
· 정가 12,500원

10대들이 일상 속에서 경제 상식을 즐겁게 배울 수 있도록 구성하였다. 기회비용 같은 경제 개념부터 보험 등의 금융 상품까지 다양한 주제를 통해 어려운 경제 원리도 쉽게 이해할 수 있다.

## 상처를 넘어설 용기

· 나영채 지음
· 심리 / 에세이
· 정가 14,000원

심리상담 전문가인 저자는 자신의 경험과 여러 상담 사례를 통해 독자들에게 끌어가는 삶을 살 것인지 끌려가는 삶을 살 것인지를 묻는다. 더불어 과거와 이별하면 현재가 보이며 그렇게 됐을 때 앞으로의 삶을 주도적으로 살 수 있게 된다고 주장한다.

## 누가 왕따를 만드는가

· 아카사카 노리오 지음
· 최지안 옮김
· 인문 / 사회
· 정가 14,500원

어른과 아이 할 것 없이 사회 전반에 만연해 있는 왕따와 차별 현상을 냉철한 시점으로 분석한 책이다. 일본의 대표적인 지성인 중 한 명인 저자는 인류학, 사회학에 정통한 민속학자로서 현대 사회에서 벌어지는 암묵적인 폭력을 날카로운 시선으로 바라본다.

## 신화로 읽는 심리학

· 리스 그린, 줄리엣 샤만버크
  지음
· 서경의 옮김
· 심리 / 인문
· 정가 15,000원

그리스·로마 신화부터 히브리, 이집트, 켈트족, 북유럽 신화 등 총 51가지 신화를 소개한다. 인간의 성장 과정에 맞춰 내용을 구성하여 먼저 신화를 소개하고 이어서 신화에 담긴 교훈을 심리학 면에서 살펴보았다. 심리학 용어 없이도 마음의 문제를 쉽게 극복할 수 있도록 돕는 책이다.

## 공인의 품격

· 김종성 지음
· 인문 / 사회
· 정가 15,000원

사회 지도층의 도덕적 의무를 뜻하는 노블레스 오블리주의 연원과 의미를 재조명하였다. 이 책은 그리스, 로마뿐만 아니라 세계 각지의 역사에서 노블레스 오블리주 사례를 살펴보고 있다. 한국출판문화산업진흥원이 선정한 이달의 읽을 만한 책이다.

## 생각을 키우는 동양 철학 이야기

· 장스완 지음
· 청소년 / 인문
· 정가 12,000원

한국출판문화산업진흥원이 선정한 청소년 권장 도서로서 2017년 청소년 북토큰 도서 중 하나다. 한자로 쓰여 어렵게 느껴질 수 있는 동양 철학을 가벼운 이야기 모음으로 풀었다. 세상을 보는 안목을 키우는데 도움을 준다.

## 내가 가장 닮고 싶은 과학자

· 이세용 지음
· 청소년 / 과학상식
· 정가 15,000원

과학사에 있어 중요한 인물만 가려 뽑아 과학사의 흐름을 인물 중심으로 파악할 수 있는 책이다. 위대한 과학적 발견이 어떻게 이뤄지고 오늘날 어떤 영향을 미치게 되었는지를 흥미로운 에피소드를 통해 만나볼 수 있다.

## 조선의 재발견

· 한주서가 지음
· 인문 / 역사
· 정가 14,000원

우리가 알지 못했던 조선 시대의 모습을 현재 우리 시대와 비교해 다루고 있다. 조선 시대의 특이한 생활상이나 사건을 통해 다채로운 조선의 모습을 보여준다. 교과서에는 없는 색다른 조선의 이야기를 통해 역사에 대한 흥미를 불러일으킨다.

## 악당의 성공법

· 루이스 페란테 지음
· 김현정 옮김
· 자기계발 / 경영·경제
· 정가 14,500원

〈비즈니스위크〉 등 유력 경제지들은 저자를 '마피아 경영 구루(Guru; 스승, 대가)'란 말로 표현한다. 저자는 마피아 세계와 비즈니스 조직, 그리고 역사적 사실을 겹쳐놓으며 기업에서도 통하는 성공의 법칙이 담긴 교훈을 말한다.

## 동물에게 배우는 생존의 지혜

· 송태준 지음
· 자기계발 / 교양과학
· 정가 14,000원

흥미롭게 여겨질 만한 128가지 동물들에 대한 지식과 함께 동물들의 삶의 방식을 인간의 삶에 견주어 이야기로 재미있게 풀어낸 책이다. 인생의 다양한 시기를 극복하는 데 있어 좋은 이정표가 되는 교훈이 담겨 있다.

## 내 표정이 그렇게 안 좋은가요?

· 허윤숙 지음
· 자기계발 / 인간관계
· 정가 13,800원

이 책은 자신을 괴롭히면서 조급한 삶을 살던 것에서 벗어나 긍정적인 삶으로 이어지도록 만드는 비결을 말한다. 나 자신에 대한 느낌과 표정을 효율적으로 관리해 보다 당당한 삶을 살고 싶은 이들에게 도움이 될 만한 내용을 다루고 있다.

# 이 책에 등장하는 몬테소리 놀이들

채소 씻기

채소 껍질 깎기

채소와 과일 자르기

테이블 세팅하기

잼 바르기

혼자 옷 입기

씻기

손 씻기 놀이

글자 놀이

소리 놀이

짝 맞추기

구분하기

퍼즐

읽기와 셈하기

집게와 카드

현수막

색깔로 기억하기

단추 분류하기

과일과 채소 분류하기

그림 분류하기

집기 놀이

동물 바구니

지구본과 세계 지도

대륙별 앨범 만들기

단어 카드

삶의 주기

개구리의 일생

얼음 놀이

뜨는 것과 가라앉는 것

맛보기

냄새 맡기

소리상자

연산

작은 자동차들

비밀 주머니 놀이

비밀 주머니 짝 맞추기

헝겊 만져보기

꽃꽂이하기

물건 바구니

장난감 모형을 담은 바구니

모형과 카드 바구니

카드를 담은 바구니

예술 작품으로 어휘 익히기